AF467481

LE
Droit d'Asile
Diplomatique

SA SUPPRESSION EN HAÏTI

PAR

Raymond ROBIN

EXTRAIT DE LA *REVUE GÉNÉRALE DE DROIT INTERNATIONAL PUBLIC*

PARIS
A. PEDONE, ÉDITEUR
LIBRAIRE DE LA COUR D'APPEL ET DE L'ORDRE DES AVOCATS
13, Rue Soufflot, 13
—
1908

A. de LAPRADELLE et N. POLITIS

PROFESSEURS AUX UNIVERSITÉS DE GRENOBLE ET DE POITIERS
ASSOCIÉS DE L'INSTITUT DE DROIT INTERNATIONAL

RECUEIL

DES

ARBITRAGES INTERNATIONAUX

TOME PREMIER. — **1798-1855**

Préface de M. Louis RENAULT

Le Recueil des Arbitrages Internationaux comprendra les affaires du XIXe siècle, nettement séparées en trois périodes distinctes. — Première période 1798 à 1872 (affaire de l'Alabama); deuxième période 1872 à 1893 (affaire des pêcheries de Behring) ; troisième période 1893 à 1899 (Conférence de La Haye).

La quatrième période sera consacrée aux Arbitrages contemporains.

Prix du vol. I (1798-1855) : **60 fr.** *net* ; = 2. 8 s. *net* ; **$ 12** *net* ; = Marks 48 *net*.

Payement par chèque ou mandat-poste, à l'ordre de M. **A. Pedone**, 13, rue Soufflot, **Paris** (V^e).

COMPTE-RENDU

Après les résolutions votées en 1899 par la Conférence de la Paix, l'**Arbitrage international** est apparu vraiment comme le moyen normal de solution des conflits entre les États et il est entré, on peut le dire, dans la voie judiciaire. C'est donc une très heureuse pensée que de faire pour les décisions arbitrales du droit des gens ce qui existe depuis longtemps déjà pour les sentences du droit privé ou du droit administratif : un recueil qui les réunisse et en donne une appréciation doctrinale. Mais cette œuvre représentait un énorme labeur.

Pour les arbitrages du commencement du XIXe siècle, on n'avait guère que le texte de la sentence souvent peu explicite, souvent même non motivée : pour les étudier, il fallait donc se procurer des indications complètes sur les faits qui leur avaient donné naissance et sur les négociations et les discussions qui les avaient accompagnés : d'où la nécessité de recherches considérables et difficiles dans les archives publiques, les documents parlementaires, les correspondances diplomatiques.

La tâche, pour être d'un ordre différent, n'est point moins ardue en ce qui regarde les arbitrages d'une date plus récente ; ici ce n'est plus la rareté des documents, c'est plutôt leur multiplicité qui rend la besogne ingrate : les procédures sont encombrées de mémoires, de contre-mémoires, d'arguments étendus et compliqués où il n'est pas toujours aisé de trouver le fil conducteur. C'est à mettre en œuvre tous ces matériaux, pour la période de 1790 à 1855 (*premier volume* du **Recueil des Arbitrages internationaux**), que se sont appliqués les deux savants professeurs.

Chacune des études dont se compose le volume, et qui a trait à un arbitrage spécial, débute par un exposé des faits des plus clairement établis, avec de nombreuses références ; les péripéties du litige, les questions soulevées, sont ensuite indiquées d'une façon très nette. Après cela, vient le texte de la sentence arbitrale, qui est lui-même

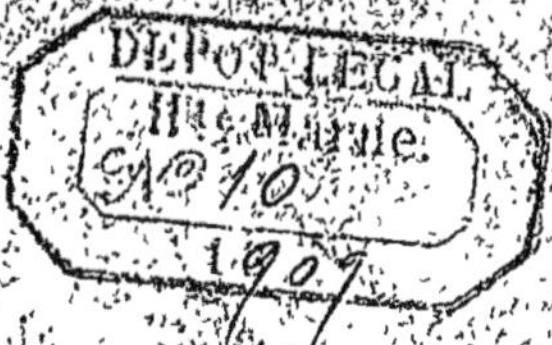

Le droit d'asile diplomatique et sa suppression en Haïti

Des événements graves, qui auraient pu devenir tragiques sans l'attitude énergique des gouvernements européens, se sont déroulés en Haïti dans les premiers mois de l'année 1908, et ces événements ont soulevé d'importantes questions de droit des gens en ce qui touche le droit d'asile dans les légations et les consulats étrangers.

Il s'agissait d'une de ces luttes intestines qui sont fréquentes en Haïti. Successivement occupé par trois races différentes qui s'y sont entretuées, non seulement Haïti a connu depuis un siècle toutes les formes de gouvernement : impérial, royal, républicain, mais encore la guerre civile y existe à peu près à l'état permanent (1).

Le Président actuel de la République haïtienne est le général Nord-Alexis, arrivé au pouvoir en 1902 à la suite d'une révolution qui renversa le Président Tirésias Simon Sam. Mais, à son tour, M. Nord-Alexis s'est vu menacé dans sa puissance.

Le 15 janvier 1908, une petite armée d'exilés haïtiens abordait à l'Anse Rouge, près des Gonaïves, port situé à 100 kilomètres environ au Nord-Ouest de Port-au-Prince, la capitale de la République. Cette expédition était commandée par le général Jean-Jumeau ; mais le directeur du mouvement était M. Anténor Firmin qui, depuis longtemps, préparait le terrain pour renverser le Président Nord-Alexis. Les insurgés s'emparèrent des Gonaïves et de Saint-Marc, port situé à mi-chemin de Port-au-Prince. Mais, dès le 19 janvier, Saint-Marc était repris par les forces gouvernementales qui marchèrent sur les Gonaïves ; le 24, les révolutionnaires étaient battus, le général Jean-Jumeau fusillé, et les troupes du gouvernement entraient aux Gonaïves (2).

(1) Découverte en 1492 par Christophe Colomb, l'île de Saint-Domingue, la plus grande des Antilles avec Cuba, fut occupée par les Espagnols qui exterminèrent les indigènes et les remplacèrent par des nègres. Puis le traité de Ryswick (1697) reconnut la partie occidentale comme colonie française, et en 1795 la France, par le traité de Bâle, acquit la totalité de Saint-Domingue. Mais, en 1804, les habitants de la partie occidentale de l'île se séparèrent de la France, proclamèrent leur indépendance et se constituèrent en État libre et souverain sous le nom d'Haïti (V. Madiou, *Histoire d'Haïti*). La République actuelle d'Haïti, dont il va être parlé, ne comprend donc pas toute l'île, mais seulement sa partie occidentale. Quant à la partie orientale, elle constitue elle aussi un État depuis 1844 : c'est la République dominicaine, dont la capitale est Santo-Domingo. La frontière des deux États a été déterminée par un traité de 1874.

(2) V. l'*Eclair* du 17 mars 1908.

C'est alors que, pour échapper à une répression, qui n'eût pas manqué d'être sévère, un certain nombre d'insurgés ainsi que des personnes qui craignaient, à tort ou à raison, d'être soupçonnées de favoriser la cause de M. Firmin, se réfugièrent dans les *légations* et les *consulats* étrangers, tant aux Gonaïves qu'à Port-au-Prince (1). Le gouvernement haïtien, décidé à réprimer avec la dernière énergie cette tentative de révolution, demanda que ces réfugiés lui fussent livrés pour être jugés. Les ministres étrangers refusèrent d'accéder à cette demande, invoquant le droit d'asile dont il avait été souvent fait usage en Haïti, et ils proposèrent de faire embarquer les réfugiés en exigeant d'eux au préalable l'engagement écrit de ne pas rentrer en Haïti tant que le Président Nord-Alexis serait au pouvoir. Le Président s'y opposa. Il reprocha à son ministre des affaires étrangères, M. Sannon, d'avoir mal engagé les négociations, reproche qui motiva la démission de ce fonctionnaire. Le nouveau ministre, M. Borno, parut cependant, tout d'abord, se rallier à la solution proposée par les puissances : car, le vendredi 13 mars, il se rendait à la légation de France à la suite d'une démarche faite par les représentants des puissances et promettait de laisser partir pour Kingston M. Firmin et ses partisans. Mais, le surlendemain, 15 mars, il revenait sur cette promesse et faisait savoir aux représentants des puissances qu'il était impossible à son gouvernement de continuer les négociations pour l'embarquement des réfugiés, attendu qu'il avait la preuve qu'un nouveau complot venait d'être fomenté *dans les légations mêmes* et qu'une correspondance révolutionnaire avait été échangée entre les réfugiés et des habitants du pays ; il demandait, en conséquence, que tous les réfugiés lui fussent livrés (2). Sur ces entrefaites, les conjurés ayant été saisis au moment où ils déballaient un caisson de munitions, l'autorité militaire faisait fusiller ce jour même un certain nombre d'entre eux.

(1) D'après le *Temps* du 24 février 1908, 70 révolutionnaires, dont M. Firmin qui a été ministre d'Haïti en France et est officier de la Légion d'honneur, allèrent au consulat de France, 24 au consulat d'Espagne, 2 au consulat d'Allemagne. En réalité, le nombre des réfugiés était plus élevé. Mais ceux qui n'avaient été qu'entraînés dans le mouvement firministe sortirent peu après des consulats sans être inquiétés. Les chiffres indiqués par le *Temps* sont relatifs aux réfugiés qui, craignant (V. le *Matin* de Port-au-Prince, du 22 février 1908) la répression, restèrent à l'abri des pavillons étrangers et s'y trouvaient encore vers le 20 février, alors que se manifesta au sujet de leur sort la différence des vues du Président Nord-Alexis et des puissances. Postérieurement, le 15 mars, d'autres Haïtiens se réfugièrent dans les consulats, de sorte que le total des réfugiés dans les légations et consulats au moment de leur embarquement était de 189, se répartissant comme suit : consulat de France aux Gonaïves, 85 ; consulat d'Espagne aux Gonaïves, 63 ; consulat d'Allemagne aux Gonaïves, 8 ; légation de France à Port-au-Prince, 33 (V. le *Temps* du 19 mars 1908).

(2) V. le *Temps* du 17 mars 1908.

Dans ces circonstances, les ministres étrangers repoussèrent énergiquement les prétentions du gouvernement haïtien (1).

Cette attitude était dictée par des raisons d'humanité. Les puissances estimaient de plus qu'en livrant les réfugiés elles interviendraient dans une querelle intérieure de la République, puisqu'elles permettraient au Président Nord-Alexis de sévir contre ses adversaires. Le départ des Firministes pour l'étranger leur paraissait la seule solution humaine et non interventionniste.

A la suite de ce refus des puissances, la situation en Haïti s'aggrava (2). On alla jusqu'à dire que les légations et consulats seraient attaqués par la populace et les blancs massacrés ; on disait également que le gouvernement haïtien voulait se saisir par la force des réfugiés (3). Aussi, sur la demande de leurs représentants en Haïti, les Cabinets européens envoyèrent immédiatement des navires de guerre dans les eaux haïtiennes : aux Gonaïves, le croiseur français *d'Estrées* ; à Port-au-Prince, le navire anglais *Indefatigable* et le croiseur allemand *Bremen* (4). L'arrivée de cette force navale ramena un peu de calme (5). Peu après, M. Borno fit savoir au corps diplomatique que son gouvernement, tout en réservant ses droits contre les réfugiés, avait décidé de permettre l'embarquement des réfugiés. Il ajoutait qu'il se réservait le droit de poursuivre devant les tribunaux toute personne dorénavant impliquée dans une révolution, et *il insistait pour que les étrangers ne laissassent pas leurs consulats se transformer en asiles en cas de soulèvements futurs* (6). En conséquence, M. Firmin et un certain nombre de ses partisans furent em-

(1) V. l'*Echo de Paris* du 17 mars 1908.

(2) Le 16 mars, l'Agence Havas communiquait la note suivante : « Il résulte d'informations transmises de Port-au-Prince, de source autorisée, que douze personnes ont été fusillées sans jugement sous prétexte de conspiration firministe. On redoute des massacres contre les blancs en raison de menaces proférées aussi bien contre eux que contre les légations et consulats. Onze personnes se sont déjà réfugiées à la légation de France. Le gouvernement haïtien refuse d'autoriser l'embarquement des personnes réfugiées aux Gonaïves ». De son côté, le *New-York Herald* annonçait qu' « une ère de terreur avait commencé à Haïti ».

(3) V. l'*Eclair* du 18 mars 1908.

(4) V. le *Journal* du 18 mars 1908,

(5) V. le *Daily Express* du 18 mars 1908.— Il n'y a pas lieu, semble-t-il, d'ajouter foi à une dépêche du *New-York Herald* du 18 mars d'après laquelle les représentants des puissances à Port-au-Prince auraient décidé que, si une solution pacifique n'intervenait pas immédiatement, ils présenteraient au Président Nord-Alexis un ultimatum demandant sa démission et l'établissement d'un gouvernement provisoire. Il y aurait eu là un fait d'intervention contraire au droit des gens, et il est douteux que les États-Unis aient consenti à cette immixtion de l'Europe dans les affaires intérieures d'un État américain. Un journal français s'est d'ailleurs déclaré autorisé à démentir cette nouvelle (V. le *Matin* du 19 mars 1908).

(6) V. le *Temps* du 19 mars 1908.

barqués pour Saint-Thomas. Quant aux autres réfugiés, ils sont restés dans le pays sur les garanties données par le gouvernement haïtien qu'ils ne seraient point molestés (1).

Ces événements ont réveillé, avec une acuité particulière, la question toujours pendante du droit d'asile des légations qui si souvent déjà, et même en Haïti, a mis en désaccord les gouvernements étrangers et le pouvoir local. Mais, cette fois, c'est un véritable conflit qui a surgi, et les difficultés que l'exercice du droit d'asile vient de soulever ont été telles que des négociations ont été engagées en vue de sa suppression. Nous dirons plus loin ce qu'ont été ces négociations et à quels résultats elles ont abouti ; auparavant il est intéressant de rechercher quelle est l'origine de ce prétendu droit d'asile, sur quelles bases juridiques il repose, l'usage qui en a été fait aux siècles passés, ce qu'il est devenu de nos jours, enfin les tentatives de réglementation auxquelles il a donné lieu.

I. — Le droit d'asile dans l'antiquité et au moyen-age : l'asile religieux, s'appliquant en principe aux criminels de toute espèce.

De tout temps, la situation s'est posée d'une justice ne pouvant saisir un individu là où il se trouve. C'est ainsi que chez presque tous les peuples de l'Antiquité on trouve des traces d'un droit d'asile réservé aux lieux consacrés à la Divinité. Peut-être y avait-il là un reste de l'ancien droit de justice des prêtres. Ce droit d'asile notamment était très répandu chez les Grecs et les Romains. Sous l'Empire, même les statues des Empereurs divinisés constituèrent des lieux d'asile. Cependant la notion de la souveraineté de l'État était encore assez forte à cette époque, et nous voyons les Romains s'efforcer de diminuer les exagérations du droit d'asile (2). Les églises chrétiennes héritèrent de ce droit des temples païens (3). Aucune autorité privée ou publique ne pouvait, en principe, en arracher ceux qui s'y étaient réfugiés. Les lois impériales n'exceptèrent de cette protection que ceux que tenait enserrés un service public : les curiales, les débiteurs du fisc, les ouvriers des manufactures impériales. Les criminels *de toute espèce* pouvaient, en principe, user

(1) V. le *Temps* du 24 mars 1908.

(2) On lit dans les Institutes (livre I, titre VIII, § 2), à propos des esclaves qui se réfugient dans les temples, qu'ils seront remis au magistrat, lequel, après examen des motifs qui ont déterminé leur fuite, pourra ordonner que ces esclaves soient vendus afin qu'ils aient la chance de tomber sur un meilleur maître, ou bien qu'ils seront restitués à leur ancien maître.

(3) V. Code de Justinien, I, 12 ; Code Théodosien, IX, 45. La même faveur fut reconnue à leurs dépendances.

de cet asile ; cela donnait lieu à une intervention de l'autorité ecclésiastique qui s'efforçait de les amender et en même temps de faire régler leur sort le plus équitablement possible par l'autorité publique (1).

Avec l'importance acquise par l'Eglise chrétienne au Moyen-Age, le droit d'asile prit un développement considérable dans une société troublée où s'était obscurcie la notion de l'État et où l'idée de justice avait presque disparu (2). Les églises étaient alors de véritables souverainetés particulières, et il fallait souvent de véritables négociations pour que l'autorité temporelle obtînt la remise du réfugié (3). De plus, ce droit d'asile était d'une application très étendue, car tous les édifices consacrés au culte étaient lieux d'asile ; et on allait jusqu'à se demander si les croix des chemins ne participaient pas à ce privilège (4).

Le développement du droit de souveraineté et la restauration de la suprématie politique de l'État à l'égard de l'Église amenèrent la restriction, puis la disparition du droit d'asile des églises. Aux XIVe, XVe et XVIe siècles, les officiers civils s'efforcèrent de diminuer le nombre des asiles, de restreindre en même temps le droit d'asile pris en soi ; on en vint à formuler cette doctrine : est forclos du droit d'asile quiconque a commis un méfait *sub spe immunitatis*, doctrine qui ouvrit la voie aux présomptions les plus larges et rendit par cela même fort rares les cas d'asile. Le droit d'asile est cependant encore admis par l'ordonnance de Villers-Cotterets de 1539 (art. 166), mais il fut bientôt aboli par la jurisprudence des Parlements, à la fin du XVIe siècle (5). Remarquons toutefois que, dans certains pays, on trouve encore des traces de ce droit d'asile au siècle suivant, et en Espagne même au XIXe siècle. Il convient à cet égard de citer notamment l'article 9 du traité d'extradi-

(1) V. Esmein, *Cours élémentaire d'histoire du droit français*, 4e édit., p. 156 ; Viollet, *Histoire des institutions politiques et administratives de la France*, t. I, p. 402 et suiv.

(2) V. Taine, *Origines de la France contemporaine*, t. I, chap. I, p. 4 et suiv : « Au moment de violer un sanctuaire, le Germain converti se demande s'il ne va pas tomber sur le seuil, frappé de vertige et le col tordu. Convaincu par son propre trouble, il s'arrête, épargne la terre, le village, la cité qui vit sous la sauvegarde du prêtre... Ainsi, sur tout le territoire, le clergé garde et agrandit ses asiles pour les vaincus et pour les opprimés ». V. aussi sur l'extension, dans la société féodale, des privilèges de l'Eglise, et l'indépendance presque complète acquise par elle à l'égard du pouvoir civil, Esmein, *op. cit.*, p. 265.

(3) Cette exaltation de la juridiction ecclésiastique tenait non seulement à l'abaissement du pouvoir civil, mais aussi à ce que les tribunaux ecclésiastiques avaient pour eux l'opinion publique au Moyen-Age : car, tant par leur organisation que par la procédure qui y était suivie, ils avaient une supériorité incontestable sur les juridictions séculières (V. Esmein, *op. cit.*, p. 276).

(4) V. Beaumanoir, *Coutumes de Beauvoisis* (XIIIe siècle), XXV, 24. Comp. Viollet, *op. cit.*, t. II, p. 304 et 305.

(5) V. Charles Loyseau, *Des seigneuries*, ch. XV, n° 79.

tion du 26 août 1850 entre la France et l'Espagne (1). Ce traité remplaçait d'ailleurs une convention du 29 septembre 1765, l'un des traités d'extradition les plus complets du XVIIIe siècle, qui contenait déjà une clause curieuse relative aux individus qui se seraient réfugiés dans une église. Il était stipulé que ces individus seraient livrés, mais à la condition qu'ils seraient affranchis de la peine de mort. Cette clause reconnaît donc à l'asile religieux un certain effet, celui de procurer au réfugié une sorte de commutation de peine.

Si l'asile religieux était contraire à l'idée de souveraineté et devait disparaître à mesure que cette idée se précisait, il ne faut pas croire qu'il n'a eu que des inconvénients, et un criminaliste éminent a pu dire avec raison que cette institution a dû sauver autant d'innocents qu'elle a protégé de coupables (2). D'ailleurs, pour bien saisir l'origine et la raison d'être de ce droit, il faut se représenter une société dans laquelle le droit pénal n'est guère autre chose que la vengeance privée organisée et systématisée dans une certaine mesure, une société où la vengeance est le fond du droit et la férocité sa constante expression : l'asile religieux n'a été que la manifestation de ce besoin universel de pitié, de cette bonté qui, dans les temps les plus barbares, subsiste malgré tout dans la nature humaine.

II. — L'asile diplomatique. Ses origines avec l'institution des légations permanentes et le développement de l'idée d'exterritorialité.

Ce que nous venons de dire de la raison d'être du droit d'asile des églises et des services qu'il a rendus s'applique également, dans une large mesure, à une autre forme du droit d'asile qui se développa à l'époque même où disparaissait l'asile religieux et qui subsiste encore de nos jours, au moins dans certains pays : l'asile diplomatique.

C'est en effet aux XVIe et XVIIe siècles que l'institution des ambassades perd son caractère temporaire et que s'établit l'usage des légations permanentes (3). Or, tant qu'il ne s'était agi que d'ambassades accidentelles, il avait suffi, pour assurer la liberté d'action de l'ambassadeur, de le considérer comme placé sous la protection de la Divinité ou de lui

(1) Comp. sur l'asile religieux. Wallon, *Du droit d'asile*, Paris, 1837 ; de Beaurepaire, *Essai sur l'asile religieux dans l'Empire romain et la monarchie française*, dans la *Bibliothèque de l'Ecole des chartes*, 3e série, t. IV, p. 351 et 573, et t. V, p. 151 et 341.

(2) Faustin-Hélie, *Traité d'instruction criminelle*, t. II, n° 693.

(3) A la vérité l'usage des légations permanentes était apparu dès le XVe siècle avec la République de Venise. Cet usage se répandit peu à peu d'abord dans l'Europe occidentale et centrale (Espagne, Angleterre, France, Allemagne), puis au XVIIe siècle dans les pays du Nord. A partir de la paix de Westphalie (1648), cet usage paraît définitivement établi.

reconnaître une inviolabilité personnelle. Mais, lorsque la résidence fixe d'un agent diplomatique en pays étranger l'exposa beaucoup plus qu'auparavant à l'influence de l'État auprès duquel il était accrédité, le besoin se fit sentir d'établir au profit de cet agent toute une série de privilèges afin de le soustraire entièrement à la souveraineté du pays de sa résidence : inviolabilité de la personne et de la demeure du ministre public, exemption de la juridiction territoriale, civile et criminelle, faculté de culte privé, très importante quand dans la plupart des États existait la prohibition de toute religion dissidente de la religion officielle et légale, etc... Puis, comme cette situation était en opposition absolue avec le principe de la souveraineté territoriale de l'État qui, à cette époque, avait remplacé le système de la personnalité des lois, on imagina, pour justifier cette position exceptionnelle des ambassadeurs, de dire que, par une fiction, les ministres publics étaient censés se trouver hors du pays où ils remplissaient leurs fonctions et n'avoir pas quitté le territoire de leur nation. C'est la *fiction d'exterritorialité*, imaginée par Grotius (1) pour définir et expliquer la situation anormale des agents diplomatiques en pays étranger.

Cette ingénieuse fiction, très discréditée aujourd'hui et que les auteurs modernes repoussent généralement comme inutile, vague et non adéquate à la situation qu'elle est destinée à traduire (2), eut une grande influence sur la pratique (3). A une époque où le droit des gens était encore dans l'enfance et où la situation légale des ambassadeurs était loin d'être nettement déterminée, on partit de cette idée d'exterritorialité pour déterminer les privilèges et les droits des agents diplomatiques. Au lieu de préciser chacun des privilèges accordés à ces agents, d'en justifier l'existence et d'en déterminer l'étendue, on trouva plus commode de poser le principe de l'exterritorialité et d'en tirer les conséquences logiques. L'une de ces conséquences fut que la demeure des ministres publics fut réputée terre étrangère, partie du sol de leur patrie, et on décida qu'on devait agir envers cette demeure de l'ambassadeur comme envers le territoire de son Souverain. Par suite, si un criminel venait à

(1) Grotius, *De jure belli ac pacis*, 1625, liv. II, chap. XVIII, § 4, art. 5 : « ... Ita etiam *fictione* simili constituerentur *quasi extra territorium* unde et civili jure populi apud quem vivunt non tenentur ».

(2) Elle a notamment été combattue avec une extrême violence par Laurent, dans son *Droit civil international* (t. III, p. 14) : « Étrange fiction, dit-il, la plus absurde que les légistes aient jamais inventée, car elle aboutit à réputer les ambassadeurs absents là où ils doivent être présents pour remplir leurs fonctions, et présents là où leur ministère serait un non-sens, puisque le représentant n'a plus rien à faire là où se trouve *le* représenté ».

(3) V. Alphonse de Heyking, *L'exterritorialité*, 2e édit., Saint-Pétersbourg, 1895, p. 16 et suiv.

s'y réfugier, la police locale ne pouvait procéder à son arrestation, de même qu'elle ne pourrait agir en territoire étranger. Le principe de l'inviolabilité du territoire, consacré de nos jours par les usages internationaux et proclamé par tous les jurisconsultes (1), était déjà reconnu, sinon toujours observé, aux XVIe et XVIIe siècles (2). C'est de ce principe et de l'idée d'exterritorialité appliquée aux ministres publics qu'est né l'*asile diplomatique*. Ce droit, qui autorisait l'ambassadeur à offrir un refuge dans son hôtel au premier criminel venu, que les pouvoirs judiciaire et de police de l'État auprès duquel il était accrédité ne pouvaient atteindre, fut considéré, en fait, jusqu'au XIXe siècle, comme partie intégrante du droit diplomatique.

III. — Pratique abusive qui fut faite de l'asile diplomatique aux XVIIe et XVIIIe siècles.

Ce n'est pas à dire que le droit d'asile diplomatique n'ait pas été contesté dès le XVIIe siècle. Déjà Grotius, qui ne se méprenait pas sur la portée de la fiction qu'il avait imaginée, indiquait, en examinant les divers privilèges nécessaires à l'exercice de la mission diplomatique, que la franchise qui doit protéger la demeure des diplomates ne va pas jusqu'à engendrer un droit d'asile, lequel ne pouvait se constituer qu'en vertu de traités spéciaux (3). Un peu plus tard, Wicquefort (4) soutient la même opinion, et au début du siècle suivant Bynkershoek, dans son *De foro legatorum* (1721), s'exprime d'une façon énergique contre l' « ab-

(1) « L'autorité de tout acte et de tout établissement public, dit notamment Heffter (*Le droit international de l'Europe*, p. 70), expire aux limites du territoire. Les autorités judiciaires et de police ne peuvent y exercer de poursuites... Chaque territoire représente à cet égard un *asile* pour les individus vis-à-vis des autres États ». — V. aussi sur la question de l'inviolabilité du territoire notre chronique sur l'affaire de la canonnière allemande *Panther* au Brésil, dans *Revue gén. de dr. int. public*, t. XIII (1906), p. 200.

(2) V. notamment Grotius, *op. cit.*, liv. II, chap. XXI, § 4 et suiv. : « Un État ne peut aller exercer le droit de punir sur le territoire d'un autre ». V. aussi les criminalistes du temps, et les théoriciens, comme Bodin, qui se sont occupés des principes généraux de la souveraineté. La pratique nous révèle cependant certaines atteintes à la souveraineté territoriale, et même quelquefois ces atteintes sont consenties par le Souverain qui aurait dû s'y opposer ; cela se produit dans les rapports de deux Souverains dont l'un est beaucoup plus puissant que l'autre. C'est ainsi qu'aux termes d'une convention de 1632 le Roi de France imposait au Duc Charles de Lorraine l'obligation de laisser les agents français pénétrer dans son Duché pour y arrêter les criminels de lèse-majesté royale. Un autre cas assez curieux est l'histoire de la fameuse Marquise de Brinvilliers, célèbre dans l'affaire des poisons. Elle s'était réfugiée en Angleterre : le Roi d'Angleterre accepta que les agents de Louis XIV vinssent l'arrêter sur son territoire. Mais la Marquise, avertie à temps, se réfugia à Liège, Principauté indépendante ; Louis XIV la fit attirer hors de la ville et arrêter par ses agents.

(3) V. liv. II, chap. XVIII, § 8.

(4) *De l'ambassadeur et de ses fonctions* (1676), liv. I, sect. 28.

surdité de ce privilège...». « Envoie-t-on, dit-il, des ambassadeurs pour défendre des voleurs et des brigands ? La chose est tellement claire, qu'il est inutile d'en parler sérieusement » (1). Citons aussi l'opinion d'un criminaliste philosophe, Beccaria, qui, dans un passage tout à fait capital de son *Traité des délits et des peines* (2) où il pose avec netteté les idées essentielles en matière d'extradition, dit que « dans un État il ne doit y avoir aucun lieu non soumis aux lois ». — D'autres auteurs, par contre, défendent l'idée du droit d'asile. C'est ainsi que Gaspard de Réal (3), dans son grand ouvrage sur *La science du gouvernement* (4), soutient que le criminel couvert de la protection d'un ambassadeur fait partie de sa suite,et par conséquent ne peut être atteint par les tribunaux locaux. De même Vattel, dans son *Droit des gens*, déclare que « l'indépendance de l'ambassadeur serait fort imparfaite et sa sûreté mal établie, si la maison où il loge ne jouissait *d'une entière franchise*,et si elle n'était pas *inaccessible* aux ministres ordinaires de la justice » (5). Il est vrai qu'il apporte ensuite certaines restrictions à cette thèse absolue et prétend distinguer entre le cas où il s'agit d'un crime ordinaire « dont la punition n'est pas fort importante pour le repos de la société » pour lequel l'hôtel d'un ambassadeur peut bien servir d'asile, et celui où le crime est grave, où le châtiment du coupable est d'une grande importance pour l'État, auquel cas « le Prince ne peut être arrêté par la considération d'un privilège qui n'a jamais été donné pour tourner au dommage et à la ruine des États » (6).Opinion qu'il est difficile d'admettre, car la distinction en crimes graves et crimes ordinaires (7) n'est pas assez positive pour qu'on puisse établir là-dessus une règle de droit. Et d'ailleurs, comme l'a très bien fait remarquer M. de Heyking (8), qui déciderait s'il s'agit d'un délit commun ou d'un crime grave dont le châtiment importe à l'État ? Serait-ce le gouvernement étranger ? ou l'ambassadeur ? « Tous les deux pourraient prétendre à ce droit ; car si le « châtiment du coupable est d'une grande importance » et si le délinquant est « plus coupable », la justice de l'État doit avoir son cours ; par contre, si le délit est « commun » et le

(1) Chap. XXI. Cité par M. de Heyking, *op. cit.*, p. 18.
(2) Chap. XXI : « Des asiles ».
(3) Sénéchal de Forcalquier, né en 1682, mort en 1752.
(4) T. V, sect VIII.
(5) Liv. IV, § 117.
(6) *Op. cit.*, liv. IV, § 118.
(7) Les expressions employées par Vattel sont : d'une part, « coupable dont la détention ou le châtiment est d'une grande importance pour l'État » et, d'autre part « délits communs, gens souvent plus malheureux que coupables, ou dont la punition n'est pas fort importante pour le repos de la société ». On voit qu'elles ne sont pas plus précises ni plus juridiques que la traduction concise que nous en avons donnée.
(8) *Op. cit.*, p. 20.

délinquant « plus malheureux », l'ambassadeur doit insister sur son privilège ».

Quoi qu'il en soit de ces divergences de la doctrine aux XVIIe et XVIIIe siècles, il n'en est pas moins certain que la pratique de l'asile constituait alors une immunité universellement admise dans les usages diplomatiques. Et même, à une certaine époque tout au moins, le droit d'asile fut exercé par les ambassadeurs non seulement dans leur demeure, mais encore dans leur quartier. Certains États avaient, en effet, accordé aux agents diplomatiques étrangers le droit de *franchise des quartiers*, c'est-à-dire l'exemption de la juridiction locale en faveur de toutes les maisons situées dans le quartier de l'hôtel, quartier séparé du reste de la ville par des barrières ou par des chaînes tendues chaque soir, et sur lequel l'envoyé diplomatique régnait en maître. Or il arriva pour le quartier ce qui s'était produit pour l'hôtel : par une conséquence logique de la fiction d'exterritorialité prise pour une réalité, on le considéra comme territoire de l'État que l'ambassadeur représentait. Et les conspirateurs et fauteurs de troubles ainsi que des criminels y trouvaient souvent un *asile* assuré (1). Mais les abus qu'une telle pratique engendra amenèrent les États qui avaient accordé la franchise des quartiers aux agents diplomatiques étrangers à l'abolir, et à déclarer qu'ils ne recevraient plus les envoyés qui n'y renonceraient pas expressément (2). La franchise des quartiers disparut ainsi en Europe à la fin du XVIIe siècle (3) et avec elle le droit d'asile qui en avait été la conséquence.

(1) Cette abolition de la franchise des quartiers à Rome suscita une vive querelle entre Louis XIV et le Pape Innocent XI. Ce dernier, par des décrets de 1677 et 1680, décida qu'il voulait bien consentir encore à l'exercice de ce privilège pour les ambassadeurs actuels, mais qu'à l'avenir il n'admettrait aucun agent diplomatique qui ne s'en serait pas désisté. Les divers gouvernements consentirent à cette mesure : la franchise des quartiers à Rome disparut de la sorte pour la Pologne en 1680, pour l'Espagne en 1682, pour l'Angleterre en 1686, pour la Suède en 1687. Seul le Roi de France refusa d'y adhérer et n'hésita pas à appuyer par la force sa prétention : il se saisit d'Avignon et du Comtat-Venaissin, et rappela son ambassadeur. La mort d'Innocent XI survenue en 1689 fit perdre au différend de son acuité, et la France finit par renoncer à sa manière de voir.

(2) V Bulmerincq, *Asylrecht*, p. 128 et suiv. ; de Heyking, *op. cit.*, p. 17.

(3) La franchise des quartiers existe encore dans les pays d'Orient, notamment en Chine, au profit des quartiers assignés aux Européens (V. traité franco-chinois du 27 juin 1858, art. 10). — En Europe même, ce privilège a subsisté en Turquie au profit des consuls jusqu'au XIXe siècle. Aujourd'hui les ressortissants d'un même État ne sont plus groupés dans un même quartier. Mais, en vertu du régime des Capitulations, ils jouissent encore, du moins dans une large mesure, de l'exemption de la juridiction locale qui était la conséquence de la franchise des quartiers. La Porte, en effet, malgré les tentatives qu'elle a faites, n'a pas pu se débarrasser du régime capitulaire et recouvrer la plénitude de sa souveraineté. V. notamment la sentence arbitrale rendue en 1901 par les ambassadeurs des six grandes puissances à Constantinople, qui a maintenu, au profit de la Grèce vaincue par la Turquie, l'exercice de la juridiction consulaire (Descamps et Renault, *Recueil international des traités du XXe siècle*, 1901 p. 21).

Quant au *droit d'asile* reconnu à l'hôtel des agents diplomatiques, il n'avait pour limites que celles que la prudence et la loyauté pouvaient conseiller aux ministres étrangers et s'exerçait en faveur des criminels de droit commun aussi bien que des délinquants politiques. Chose curieuse : c'était même son exercice en faveur de ces derniers qui seul soulevait parfois des difficultés, parce que leur arrestation importait souvent plus au gouvernement que celle des malfaiteurs ordinaires. Et il arriva plus d'une fois que l'asile accordé à des *réfugiés politiques* ne fut *pas respecté par les autorités locales*. C'est ainsi qu'en 1729, le Duc de Riperda, premier ministre de Philippe V, Roi d'Espagne, tombé en disgrâce, s'étant réfugié dans l'hôtel de l'ambassadeur anglais lord Harrington et ce dernier refusant de le livrer, le Conseil de Castille décida « qu'on pouvait l'en faire enlever même de force », et le Duc fut en effet arrêté. De même, en 1747, un négociant suédois du nom de Springer, accusé du crime de haute trahison, chercha un asile à l'ambassade d'Angleterre à Stockholm : les autorités suédoises non seulement firent cerner l'hôtel par des troupes, mais en outre contraignirent l'ambassadeur à livrer le fugitif à l'autorité judiciaire (1). Un autre exemple nous montre que les ministres publics ont prétendu réclamer le droit d'asile non seulement pour leur demeure et leur quartier, mais même pour leurs voitures. En 1750, le Marquis de Fontenay, ambassadeur de France à Rome, accorda un refuge dans son Palais à quelques conspirateurs napolitains, puis il essaya de les faire sortir de la ville dans ses propres voitures. Mais les autorités locales n'hésitèrent pas à les arrêter, et les réfugiés furent conduits en prison (2). Ces violations ne sont d'ailleurs pas pour nous surprendre, car nous avons vu (3) qu'à cette époque le principe de l'inviolabilité du territoire n'était pas toujours respecté et qu'un État puissant n'hésitait pas à se saisir d'un délinquant en pays étranger.

IV. — Au XIXe siècle, le droit d'asile n'est plus exercé qu'au profit des auteurs de délits proprement appelés politiques.

La pratique de l'asile diplomatique donna lieu, au XVIIe et au XVIIIe siècles, à de graves abus. Ces abus, et l'idée de la souveraineté de

(1) D'après Calvo (*Le droit international théorique et pratique*, 5e édit., t. III, § 1523), les relations auraient été interrompues pendant quelque temps entre les deux pays à la suite de cet événement. Bluntschli indique, au contraire, que « l'Angleterre dut rappeler son envoyé parce qu'il avait outrepassé ses droits » (*Le droit international codifié*, trad. Lardy, 2e édit., art. 200 et suiv.). Le même auteur, rapportant l'affaire du Duc de Riperda, dit que « l'Angleterre avait bien le droit de protester contre les formes et les procédés employés ; mais, quant au fond, l'Espagne avait raison ».

(2) Vattel, *op. cit.*, liv. IV, § 119 ; Calvo, *op. cit.*, t. III, § 1522.

(3) V. ci-dessus, p. 8, note 2.

l'État qui allait se précisant avec le développement du droit des gens, et aussi l'idée que les divers États se doivent une assistance mutuelle contre le crime, amenèrent dès la fin du XVIIIe siècle une restriction du droit d'asile. Les mêmes raisons qui, à cette époque, développaient la pratique de l'extradition devaient nécessairement pousser à l'abolition de l'asile diplomatique. Plus d'asile d'aucune sorte, pour les délinquants quels qu'ils soient, ni sur le territoire, ni hors des frontières. C'est ce qu'eût réclamé, semble-t-il, la logique ; et l'on pouvait espérer avec Beccaria (1) que la certitude pour les délinquants de ne trouver sur terre aucun lieu où se réfugier serait un moyen bien efficace de prévenir le crime. On n'alla pas jusque-là, toutefois. Et de même que l'asile territorial subsistait pour les faits politiques, les différentes lois comme la plupart des traités exceptant ces faits de la pratique de l'extradition, de même l'asile diplomatique ne fut maintenu qu'au profit des personnes impliquées dans les troubles civils et les agitations politiques. Bien plus, au XIXe siècle, le droit d'asile, même restreint ainsi qu'il vient d'être dit, a complètement disparu dans la plupart des pays d'Europe.

Ce progrès du droit positif est le résultat de la doctrine qui a fini par rejeter, d'une manière presque unanime, cette idée d'exterritorialité sur laquelle on avait appuyé la revendication du droit d'asile des légations. Il convient donc, avant d'indiquer quelle est actuellement la pratique internationale relative à l'asile diplomatique, de dire quelques mots de l'état présent de la doctrine sur cette importante question.

V. — État actuel de la doctrine sur la question de l'asile diplomatique.

Le droit d'asile, déjà combattu par Grotius et Bynkershoek, est repoussé aujourd'hui par tous les auteurs *en ce qui concerne les délinquants de droit commun.* Il importe, en effet, à la sûreté de l'État que les crimes ne restent pas impunis, et d'autre part il n'est pas nécessaire à l'exercice de la mission diplomatique que l'hôtel de l'ambassadeur puisse abriter les malfaiteurs.

La même unanimité n'existe pas dans la doctrine lorsqu'il s'agit des auteurs de *délits* proprement appelés *politiques.* On rencontre ici deux systèmes opposés.

1re *opinion.* — Les uns, guidés par des considérations d'humanité, se prononcent en faveur du *maintien du droit d'asile au profit des réfugiés politiques.* Ils pensent qu'en cas de troubles civils, de révolution intérieure dans un État, l'hôtel d'un ministre public étranger doit pouvoir

(1) *Traité des délits et des peines*, chap. XXI.

abriter les hommes politiques poursuivis par la fureur populaire ou traqués par leurs adversaires : car souvent il suffira d'un répit de quelques jours ou même de quelques heures pour les soustraire à un danger de mort. « Il serait à désirer, dit Calvo (1), que chaque gouvernement déterminât avec précision l'étendue qu'il entend reconnaître à l'exercice de ce qu'on appelle le droit d'asile ; mais, tant qu'aucune règle fixe n'aura été établie sur ce point, on ne saurait se guider en cette matière que d'après des considérations générales d'humanité et le sentiment des justes égards que les nations se doivent les unes aux autres. Nous admettons donc qu'au milieu des troubles civils qui surviennent dans un pays, l'hôtel d'une légation puisse et doive même offrir un abri assuré aux hommes politiques qu'un danger de vie force à s'y réfugier momentanément ». Telle est aussi l'opinion de Pradier-Fodéré. Après avoir posé la règle que, à l'égard d'un criminel quel qu'il soit qui se réfugie dans une légation, l'hôtel de l'agent diplomatique doit rester fermé pour la foule et que rien ne peut autoriser la violation de la franchise dont jouit cet hôtel, il examine le cas où il y a demande régulière d'extradition par les autorités compétentes. Et il estime que dans ce cas « il y a à *distinguer s'il s'agit de délits communs ou de délits politiques* » (2). « Si les autorités compétentes demandent l'extradition d'individus prévenus de délits communs, je ne vois pas, dit-il, qu'il soit possible de justifier un refus. L'abolition du droit d'asile appliqué à ces délinquants ne fait plus question de nos jours : le ministre livrera le coupable. Mais, s'il s'agit d'un réfugié politique réclamé par un parti vainqueur,... qui donc osera sérieusement prétendre que le représentant d'une nation policée devra le livrer froidement à la rage de ses assassins ?... Il faut se prononcer pour *l'asile diplomatique en matière politique*, mais pour l'asile restreint, réglementé, purgé des abus qui sont une atteinte à la souveraineté des États ».

2e *opinion*. — La majorité des publicistes contemporains, toutefois, rejette cette distinction entre les délits politiques et les infractions de droit commun, et *condamne d'une manière absolue l'asile diplomatique*. « L'habitation de la personne jouissant de l'exterritorialité, dit Bluntschli dans son *Droit international codifié* (art. 151), ne doit pas servir d'asile aux individus poursuivis par les autorités judiciaires. Cette personne est *tenue d'interdire l'entrée de sa demeure aux fugitifs de toute espèce*; et, s'ils ont pénétré chez elle, de les livrer aux autorités compétentes ». Plus loin (art. 200) il ajoute : « Il n'est pas attaché de droit d'asile à la demeure

(1) *Op. cit.*, t. III, § 1521.
(2) *Traité de droit international public européen et américain*, t. III, n° 1424.

de l'envoyé. Ce dernier est au contraire tenu de livrer...ou d'autoriser dans sa demeure la recherche du fugitif » (1) ; et, rappelant l'affaire du Duc de Riperda, il déclare que « quant au fond, l'Espagne avait raison » (2). Les criminalistes sont d'accord sur ce point avec les internationalistes. « Il n'y aurait plus de souveraineté, dit Faustin-Hélie (3), si, au sein de chaque État, il se trouvait un territoire indépendant qui pût servir de refuge à tous les criminels, de foyer à tous les complots, et qui pût opposer sa justice à la justice du pays. L'indépendance des ambassadeurs absorberait complètement l'indépendance des gouvernements » (4).

L'Institut de droit international ne s'est pas prononcé jusqu'ici entre ces deux thèses contraires. Ce n'est pas qu'il n'ait eu l'occasion d'aborder cette question. A la session de Cambridge (1895), sa Commission d'étude, chargée d'élaborer un projet de règlement sur les immunités diplomatiques (5), avait pris nettement position en consacrant le principe de la distinction entre les délits politiques et les infractions de droit commun. Cette Commission, dont le rapporteur était M. Lehr, un partisan de l'asile en matière politique (6), avait en effet proposé d'ajouter à l'article 9 du Règlement, aux termes duquel « nul agent de l'autorité publique, administrative ou judiciaire, ne peut pénétrer dans l'hôtel du ministre public pour un acte de ses fonctions que du consentement exprès du ministre », un alinéa 3 ainsi conçu : « Si, même en dehors des personnes inviolables en vertu de l'article 2, alinéa 2, ci-dessus (ce sont les personnes faisant partie du personnel officiel de la mission diplomatique), un individu qui se trouve sous le coup de poursuites *pour un crime de droit commun* est réfugié dans l'hôtel et que le ministre ne le livre pas bénévolement, le gouvernement territorial n'a pas le droit de l'y faire saisir ; il ne peut que faire cerner l'hôtel de façon à prévenir une évasion et demander au gouvernement du ministre de punir celui-ci pour cause d'abus de privilège ». Mais ce texte donna lieu, devant l'Institut de droit international, à un vif débat qui fit bien apparaître les

(1) Bluntschli, *Le droit international codifié*, trad. Lardy, 2e édit. Mais il n'est pas exact, nous l'avons montré, de dire, comme il le fait, « que les publicistes ont *tous* adopté depuis Bynkershoek cette opinion qu'il n'existe pas, en droit international, de motifs sérieux en faveur du maintien du droit d'asile ».

(2) V. ci-dessus, p. 11, note 1.

(3) *Traité d'instruction criminelle*, t. II, § 127.

(4) V. aussi en ce sens de Heyking, *op. cit.*, p. 73 et 74 : « L'exterritorialité de l'hôtel de l'ambassade ne peut *dans aucun cas* être considérée comme *droit d'asile*... Il serait permis de réclamer la délivrance du coupable au cas où l'ambassadeur se croirait en droit d'arrêter le cours de la justice en donnant refuge *aux criminels* (sans distinction), et si cette extradition était refusée, de pénétrer dans l'hôtel de l'ambassade... ».

(5) V. *Annuaire de l'Institut de droit international*, t. XIV, p. 214 et suiv.

(6) Ernest Lehr, *Manuel théorique et pratique des agents diplomatiques*, n° 1066.

divergences qui existent encore dans la doctrine sur cette question du droit d'asile. Tandis que MM. Lehr et F. de Martens appuyaient la disposition proposée par la Commission, M. de Bar la combattait énergiquement, demandant qu'il ne soit fait aucune distinction entre le crime politique et l'infraction de droit commun et que le ministre public soit obligé de livrer les réfugiés politiques comme les autres ; M. Westlake, tout en reconnaissant que l'on ne doit pas songer à soustraire les criminels politiques à la justice ou à l'injustice de leur pays, déclarait qu'il est bon cependant de laisser aux agents diplomatiques la faculté de les protéger contre des violences soudaines de manière à laisser agir la réflexion. Finalement, sur la remarque de M. Stoerk que l'alinéa 2 était suffisant pour empêcher les intrusions du pouvoir local dans les légations et qu'il était *peu utile de parler du cas de refuge, si rare, si improbable dans la pratique en Europe*, l'alinéa 3 a été supprimé. L'Institut de droit international, alléguant que sa mission était d'arrêter des principes généraux pour les pays soumis à l'entière application du droit international positif et non pour ceux d'une civilisation moins avancée, où les troubles civils affectent un caractère particulier, a évité de se prononcer sur la question de l'asile politique (1). Au point de vue doctrinal, celle-ci reste donc entière.

A notre avis, la thèse qui repousse d'une manière générale et sans distinction l'asile diplomatique présente le double avantage de satisfaire aux exigences de la pratique et d'être conforme aux principes du droit public moderne.

1° Au point de vue pratique, elle évite des difficultés et écarte les conflits. — La distinction des délits politiques et des délits de droit commun, en effet, présenterait souvent de graves difficultés, les lois des divers pays ne déterminant pas d'ordinaire à quel signe on reconnaît

(1) Dans son Règlement sur les immunités *consulaires* voté l'année suivante à Venise (26 septembre 1896), l'Institut de droit international a rejeté, au contraire, *d'une manière absolue*, le droit d'asile en ce qui concerne les consulats. Après avoir posé la règle que la demeure officielle des consuls et les locaux occupés par leur chancellerie et par leurs archives sont inviolables, et qu'aucun officier de l'ordre administratif ou judiciaire ne pourra y pénétrer sous quelque prétexte que ce soit, l'article 9 dispose dans son alinéa final que « *si un individu poursuivi par la justice locale s'est réfugié au consulat, le consul devra le livrer* sur la simple réquisition de l'autorité territoriale » (*Annuaire de l'Institut de droit international*, t. XV, p. 272 et suiv.) : disposition qui n'a pas d'équivalent dans le Règlement sur les immunités diplomatiques. Il convient de remarquer, il est vrai, que le Règlement de Venise ne vise que les consuls et agents consulaires *dans les pays de Chrétienté*. Or précisément dans ces pays la pratique dénie nettement aux consuls le caractère de ministres publics ; et la plupart des *conventions consulaires* qui déterminent les immunités des consuls *n'admettent pas que leurs demeures jouissent du droit d'asile*. Au contraire, en Turquie, dans les Echelles du Levant, en Perse et dans l'Extrême-Orient, les consuls sont traités comme des ministres publics.

un crime ou un délit politique (1). Sans doute il y a un certain nombre d'infractions pour lesquelles aucun doute ne peut s'élever : on reconnaîtra sans contestation des délits politiques dans le fait de porter les armes contre son pays ou d'entretenir des intelligences avec l'ennemi, dans les conspirations et les attentats pour changer la forme du gouvernement, dans certains délits de presse, peut-être même dans l'affiliation à des sociétés illicites. Mais il est rare qu'un fait soit purement politique, c'est-à-dire porte atteinte exclusivement à un intérêt politique ; très souvent il y a mélange d'un intérêt politique et d'un intérêt privé : une infraction qui, prise en elle-même, lèse un individu ou l'État considéré comme personne privée, peut, dans l'intention de son auteur, avoir la politique pour mobile, pour but ou pour occasion. Cela peut se présenter dans deux hypothèses : Ou bien c'est un même fait délictueux qui lèse à la fois l'ordre politique et le droit commun, comme l'assassinat du chef de l'État dans le but de renverser le gouvernement ; on dit alors que le délit est complexe ou mixte. Ou bien il arrive qu'un délit de droit commun soit commis au cours d'événements politiques et ait avec ces événements une certaine relation : par exemple, des insurgés politiques pillent la boutique d'un armurier, renversent des omnibus pour élever une barricade ; le délit est alors dit connexe (2). Et alors la question se poserait de savoir s'il suffit qu'un élément politique se mêle à un délit dans une mesure quelconque pour que le délinquant puisse légitimement trouver asile dans l'hôtel d'un agent diplomatique. Considérera-t-on, non pas l'acte en lui-même, dans sa nature propre, mais l'intention de l'agent, et traitera-t-on par suite les délits complexes ou connexes comme des délits politiques ? Restreindra-t-on, au contraire, le droit d'asile aux crimes purement politiques, sans

(1) Ces difficultés ne sont d'ailleurs pas hypothétiques. On les rencontre assez souvent dans la pratique. Car, en dehors de la question qui nous occupe, la recherche du point de savoir si un délit a un caractère politique présente, en France du moins, un triple intérêt : 1° au point de vue de l'application de la peine de mort qui est abolie en France en matière politique (Constitution de 1848) ; 2° au point de vue de l'application de la relégation qui ne peut être la conséquence d'une condamnation politique (loi du 27 mai 1885, art. 3) ; 3° au point de vue de l'*extradition*, que les divers États et la France en particulier n'accordent plus pour infraction politique. — Il *existe* donc *à l'heure actuelle* dans tous les pays *un droit d'asile territorial au profit des réfugiés politiques* : en ce sens du moins que c'est un devoir pour le pays de refuge de ne pas les livrer à l'État qui les réclame, mais ce pays a le droit de les expulser. Il peut même arriver que cette expulsion soit l'accomplissement d'un devoir international : par exemple au cas où des criminels politiques se sont réfugiés dans un pays voisin du leur et profitent de ce voisinage pour nouer des intelligences et fomenter des complots dans leur propre pays.

(2) V. Garraud, *Traité théorique et pratique du droit pénal français*, 2e édit., t. I, nos 103 à 108 : Louis Renault, *Des crimes politiques en matière d'extradition*, dans le *Journal du droit international privé*, t. VII (1880), p. 55 : Teichman, *Les délits politiques, le régicide et l'extradition*, dans la *Revue de droit international et de législation comparée*, t. XI (1879), p. 512.

tenir aucun compte de l'intention du délinquant et des mobiles qui l'ont déterminé à agir ? Questions difficiles à résoudre et qui, en fait, ne manqueraient pas d'amener des conflits entre les deux gouvernements intéressés. A qui, en effet, appartiendrait-il de les trancher ? Au Souverain local ou au gouvernement de l'ambassadeur ? Tous les deux, semble-t-il, pourraient revendiquer ce droit. La doctrine qui repousse d'une manière absolue l'asile diplomatique fait disparaître ces difficultés.

2° Au point de vue juridique, cette doctrine est d'accord avec les principes généraux du droit public moderne, qui, aux idées anciennes d'exterritorialité et d'asile territorial, a substitué la règle de la souveraineté absolue de l'État sur son territoire et la notion d'une communauté internationale engendrant des devoirs réciproques.

Autrefois, en effet, avec l'idée d'exterritorialité, le droit d'asile des ministres publics se concevait parfaitement, même pour les criminels de droit commun. L'agent diplomatique était censé être resté sur le territoire de sa patrie, son hôtel était considéré comme territoire étranger. Le criminel qui s'y réfugiait était donc dans la même situation que celui qui passe la frontière et va chercher l'impunité en pays étranger. Or précisément, à cette époque, l'asile territorial, qui existait dans l'Antiquité et au Moyen-Age, subsistait, au moins dans une large mesure, les États n'ayant pas encore la notion d'intérêts communs et de devoirs internationaux : l'extradition n'était guère (1) pratiquée qu'à titre exceptionnel, et encore était-ce généralement pour des réfugiés politiques que précisément on ne livre plus aujourd'hui (2). Dans ces conditions, la pratique de l'asile diplomatique apparaissait fondée en droit. Même aujourd'hui que l'extradition des malfaiteurs est devenue une mesure normale, l'asile politique serait encore fondé en droit si l'on admet l'ancienne fiction d'exterritorialité, car on n'extrade pas les réfugiés politiques : l'asile territorial subsiste actuellement au profit de cette catégorie spéciale de délinquants (3). C'est, d'ailleurs, parmi les partisans de la notion d'exter-

(1) Ce n'est qu'au commencement du XIXe siècle, par suite de la révolution introduite dans les communications internationales par l'application de la vapeur, que l'extradition a perdu ce caractère exceptionel et a été pratiquée d'une manière générale, même en l'absence de traités.

(2) V. convention de 1174 entre le Roi d'Angleterre et le Roi d'Ecosse ; traité de 1612 entre la France et l'Espagne ; convention du 23 février 1661 entre la Grande-Bretagne et le Danemark, etc... Ces traités ont pour but la défense des intérêts politiques, non l'assistance contre le crime.

(3) L'idée de refuser l'extradition pour faits politiques est relativement récente. Pendant longtemps, au contraire, ce n'était guère que pour les faits de cette nature qu'on pratiquait l'extradition. On fait généralement remonter au gouvernement de juillet 1830 le principe de la non-extradition des délinquants politiques. Mais déjà en 1829, au sujet de l'extradition d'un sujet napolitain, M. Martignac, ministre de Charles X, déclarait à la

ritorialité que l'asile politique trouve encore des défenseurs (1). Mais l'idée d'exterritorialité a fait son temps, rejetée aujourd'hui par la grande majorité des auteurs, et même répudiée implicitement par ses propres partisans qui ne peuvent accepter les conséquences qu'elle engendre logiquement. Et, avec cette formule surannée « qui n'a trop longtemps servi qu'à engendrer des confusions et à autoriser des abus » (2), doit disparaître nécessairement le droit d'asile des légations qui en fut une conséquence. Ce n'est pas parce qu'ils sont censés se trouver hors du pays où ils remplissent leurs fonctions et n'avoir pas quitté le territoire de leur nation (fiction au moins étrange et que Laurent a pu qualifier d'absurde), que les agents diplomatiques jouissent de certaines immunités, notamment de l'exemption de juridiction et de la franchise de leur hôtel ; mais parce qu'il est nécessaire pour l'exercice de leur mission qu'ils n'aient pas à craindre d'être troublés dans leur personne ou dans leurs biens par les autorités du lieu de leur résidence. C'est pour cela, dans l'intérêt des relations internationales pour lesquelles ils servent d'intermédiaires, que le droit des gens leur reconnaît une inviolabilité personnelle qui les protège contre les attaques des simples particuliers et contre les agressions du gouvernement. Et c'est cette inviolabilité personnelle de l'ambassadeur qui s'étend en quelque sorte à l'hôtel où il demeure : il n'y a pas d'inviolabilité matérielle.

L'indépendance de l'agent, la liberté de sa mission nécessitent la franchise de son hôtel, mais n'exigent nullement qu'il jouisse d'un droit d'asile et qu'il puisse faire de cet hôtel un refuge pour les délinquants, même politiques. Un agent diplomatique n'a aucun motif légitime de soustraire à l'action de la justice locale une personne sur laquelle lui-même ne possède aucune juridiction. Il ne paraît donc pas douteux que les principes du droit moderne condamnent le prétendu droit d'asile dont la pratique est d'ailleurs une source de difficultés

Chambre que son gouvernement avait « constamment établi la distinction qui doit être faite entre les faits politiques et les crimes de droit commun ». Aujourd'hui les différentes lois (loi belge du 15 mars 1874, loi anglaise du 9 août 1870, art. 3, loi suisse du 22 janvier 1892, projets de loi français de 1878 et de 1900, etc...) et la plupart des traités exceptent de l'extradition les délits politiques.

(1) « L'hôtel de la légation, dit Calvo (*op. cit.*, t. III, § 1541) est regardé comme un territoire étranger ». De même Lorimer (*Law of nations*, t. I, p. 248) dit que « a house of english ambassador is english ground ». — Les partisans de ce système sont conduits logiquement à décider que si un criminel de droit commun se réfugie dans l'hôtel d'un ministre étranger, le gouvernement local devra recourir à une procédure régulière d'extradition. Or ils reculent devant cette conséquence et décident, conformément à la pratique, que le ministre livrera l'inculpé ou autorisera la police locale à procéder à son arrestation. N'est-ce pas reconnaître eux-mêmes le mal fondé de leur système ?

(2) Piétri, *Etude critique sur la fiction d'exterritorialité*.

entre les États et ne peut qu'entretenir les haines internationales. Ce n'est pas à dire que l'asile politique (c'est le seul qui nous intéresse, comme subsistant encore de nos jours : car il est bien certain qu'aucun ministre public ne songerait, actuellement, à offrir un refuge dans sa légation à un malfaiteur ordinaire) n'ait eu que des inconvénients. Il a rendu dans le passé, il rend quelquefois encore de nos jours d'appréciables services à la cause de l'humanité en permettant plus d'une fois de soustraire à un danger de mort des hommes politiques poursuivis par la fureur populaire ou traqués par leurs adversaires. Et l'on peut répéter de l'asile politique ce que Faustin-Helie a dit non sans raison de l'asile religieux, que cette institution a dû sauver autant d'innocents qu'elle a protégé de coupables (1). Aussi est-ce cette *raison d'humanité* qu'invoquent surtout en faveur de leur opinion les partisans de l'asile politique (2). Est-elle suffisante pour justifier le maintien d'un usage en désaccord formel avec le droit public moderne ? Nous ne le croyons pas. On est fondé à penser, en effet, que l'ordre politique d'un pays est au moins aussi respectable que la vie ou la bourse d'un particulier ; et s'il est vrai que les délits politiques n'ont pas la même immoralité que les délits de droit commun, les mobiles qui poussent à les commettre étant assez souvent désintéressés, quelquefois même louables, en revanche on doit reconnaître que les effets en sont plus désastreux : le péril social que font courir ces infractions est plus grand que celui qui résulte des infractions ordinaires. C'est même la raison pour laquelle les législations anciennes, qui s'inspiraient davantage de motifs utilitaires, se montraient particulièrement rigoureuses aux infractions politiques (3). Or n'est-ce pas favoriser ces délits que d'offrir à ceux qui les commettent un abri contre la répression ? L'asile politique a, en outre, pour conséquence inévitable, d'appeler chaque État à s'immiscer dans les affaires intérieures d'un autre État, et à se faire juge du caractère plus ou moins excusable d'une attaque contre les pouvoirs établis.

Pour toutes ces raisons, et étant donné les progrès de la civilisation qui substitue presque partout à la vengeance sanguinaire d'autrefois le châtiment légal par des juridictions régulières, nous estimons que le maintien de l'asile politique aurait plus d'inconvénients que d'avantages. Sa suppression dans les pays où en fait il existe encore nous apparaît un moyen d'assurer la paix publique dans ces États ; car le gouverne-

(1) *Op. cit.*, t. II, n° 693.

(2) Calvo, *op. cit.*, t. III, § 1521 ; Pradier-Fodéré, *op. cit.*, n° 1424 ; Lehr, *op. cit.*, n° 1066.

(3) Nous avons vu plus haut que l'extradition a d'abord fonctionné pour les crimes d'État.

ment et les mécontents n'y tenteront plus de coups de main dès qu'ils sauront qu'ils ne pourront plus, en cas d'échec, se mettre à l'abri de la répression.

La condamnation que nous portons ici contre l'asile politique n'est pas seulement — qu'on le remarque bien — le résultat de déductions doctrinales et n'a pas pour unique but de satisfaire aux exigences de la logique juridique. Nous avons aussi étayé notre opinion au moyen de raisons tirées de la pratique et des exigences de la vie internationale. C'est pourquoi nous nous sommes rencontrés dans notre conclusion, non seulement avec la majorité des publicistes et des jurisconsultes, mais aussi avec des diplomates mieux à même de juger sur place des avantages ou des inconvénients d'un usage établi. C'est ainsi qu'il y a plus de trente ans, en 1875, un homme d'un esprit éminemment pratique, M. Fish, secrétaire d'État des États-Unis, déclarait, à propos de l'asile accordé à des révolutionnaires espagnols dans la légation américaine, que cette pratique de l'asile politique était une *cause d'ennuis pour les ministres* dont les légations sont ainsi utilisées, *et un dommage pour les pays où elle existe*, car elle y encourage les conspirations et les complots en vue de changer de ministres ou de gouvernement (1). Et, dans cette même République d'Haïti où le droit d'asile des légations vient de soulever de graves difficultés, M. Hollister, ministre des États-Unis à Port-au-Prince, reconnaissait déjà en 1868 que « le droit d'asile fait plus de mal que de bien et que la pratique qui en est faite favorise les troubles civils » (dépêche du 8 mai). Rappelons enfin l'opinion d'un des hommes d'État anglais les plus considérables du XIXe siècle, lord Palmerston, qui, en réponse à une réclamation du gouvernement espagnol relative à l'asile accordé en mars 1848 par l'ambassadeur d'Angleterre à Madrid à des révolutionnaires (2), déclarait que son gouvernement « était tout prêt à reconnaître qu'une telle pratique était en elle-même et en principe sujette à critique ».

Plus d'asile politique : telle est donc notre conclusion.

Mais, si intéressante que soit la recherche de l'état actuel de la doctrine sur la matière du droit d'asile, elle ne nous donnerait de la question qu'une vue incomplète si nous ignorions quelle est la pratique actuellement suivie par les États. D'autant plus que nous avons eu l'occasion d'indiquer déjà que cette pratique s'éloigne sensiblement des conclusions auxquelles nous venons d'aboutir. La disparition de l'asile politique peut bien être une chose désirable: ce sera probablement le droit

(1) Wharton, *International Law Digest*, t. I, § 104, p. 685 et 686.

(2) V. plus loin, p. 22.

positif de demain ; et, ici encore, l'honneur reviendra aux publicistes et aux jurisconsultes d'avoir provoqué l'évolution du droit. Mais, pour juger équitablement des faits qui viennent de se passer en Haïti, de la conduite du gouvernement haïtien et de l'attitude des puissances, c'est le droit actuellement en vigueur qu'il importe de connaître. Et c'est ce que nous allons étudier.

VI. — Le droit positif actuel : la coutume internationale reconnaît encore l'asile politique.

La matière du droit d'asile dans les légations et consulats (ainsi d'ailleurs que les règles générales concernant les agents diplomatiques) est de celles qui ne sauraient être résolues par la législation interne de chaque État : l'égalité des États s'oppose à ce que l'un d'eux puisse édicter des règles obligatoires pour les autres (1). Comme, d'un autre côté, les traités actuellement en vigueur la passent généralement sous silence, c'est dans la coutume internationale, dans l'usage général et constant adopté par l'ensemble des États civilisés, que nous trouverons la source du droit en vigueur. Quels sont donc les usages internationaux relatifs à l'asile diplomatique ?

L'histoire contemporaine nous apprend qu'en fait l'asile politique est encore pratiqué par les agents diplomatiques des États civilisés dans certains pays où les troubles civils et les révolutions intérieures sont particulièrement fréquents, et d'autre part où les mœurs, les lois et les institutions juridiques n'offrent pas aux habitants, nationaux ou étrangers, des garanties suffisantes.

A. *En Europe.* — Dans tous les pays d'Europe, à l'exception de l'Empire ottoman, l'asile politique a disparu à l'heure actuelle. Déjà, dans les deux premiers tiers du XIXe siècle, on n'en trouve plus que quelques exemples en *Espagne*, à la faveur des troubles qui ont agité ce pays d'une manière presque constante depuis la mort de Ferdinand VII (1833) jusqu'en 1875 (2). Citons notamment (3) l'asile accordé en 1841 et 1843 par le chevalier d'Alborgo, chargé d'affaires du Dane-

(1) Ce n'est pas à dire qu'une législation particulière ne pourra pas prescrire des mesures en ce qui concerne le droit d'asile et la situation des légations. Mais ces prescriptions législatives n'auront une valeur internationale qu'autant qu'elles auront pour but la mise à exécution des règles imposées par la coutume ou par les traités.

(2) Guerre civile entre les conservateurs ou Carlistes et les libéraux ou Christinos, à la suite de l'abrogation de la loi salique par Ferdinand VII, pour écarter du trône son frère don Carlos et y faire monter sa fille Isabelle ; régime des pronunciamentos militaires ; révolution de 1868 et établissement de la République ; restauration de la Royauté, etc.

(3) Nous empruntons ces exemples à la très savante brochure de M. John Bassett Moore, *Asylum in legations and consulates and in vessels*, New-York, 1892.

mark à Madrid, aux adversaires d'Espartero, parmi lesquels le Duc de Sotomayor, service à raison duquel le chevalier fut fait plus tard, par ses amis arrivés au pouvoir, grand d'Espagne avec le titre de « Baron de l'Asilo ». Quelques années après, à l'occasion de l'asile accordé par les ministres étrangers, et notamment par l'agent britannique, à de nombreux réfugiés à la suite de l'insurrection du 26 mars 1848, le Duc de Sotomayor, devenu ministre des affaires étrangères, reconnaissait dans une entrevue avec sir Henry Buwler, ambassadeur d'Angleterre, l'usage de ce droit, à la condition toutefois que l'agent diplomatique ne permît pas aux réfugiés de continuer dans son hôtel leurs manœuvres contre l'ordre public (1). En 1873, nous voyons l'ambassadeur d'Angleterre M. Layard, donner asile au maréchal Serrano, poursuivi par la foule après l'abdication d'Amédée (2). Deux ans plus tard, le ministre des États-Unis à Madrid, M. Cushing, qui avait offert un asile dans sa légation à M. Castro, faisait remarquer à son gouvernement, qu'il informait de sa conduite, que c'était un usage indiscuté à Madrid d'accorder protection aux réfugiés politiques dans les légations.

Hors d'Espagne, où d'ailleurs l'asile religieux a survécu jusqu'au milieu du XIXe siècle, on ne voit guère l'asile politique pratiqué qu'en *Turquie* et dans les *Etats balkaniques*, à raison des troubles chroniques qu'entretiennent dans ces pays les rivalités de races et de religions. Ainsi, lors de la révolution de 1862 en Grèce, un refuge fut accordé dans les légations et consulats aux personnes dont la vie était menacée (3). En 1867, lorsque sous le couvert des lois contre le vagabondage les Juifs furent persécutés en Moldavie, Valachie et Serbie, le consul d'Angleterre à Galatz fit connaître qu'en cas de nécessité on pourrait trouver un refuge au consulat britannique (4). Remarquons toutefois que, tout en pratiquant l'asile politique pour se conformer à l'usage, certains gouvernements, dès cette époque, reconnaissaient que cette pratique était sujette à critique. C'était notamment, nous l'avons vu (5), l'avis de lord Palmerston et de M. Fish, secrétaire d'État américain. Seulement ils estimaient que, tant que cet usage continuerait à exister, un ministre étranger ne pourrait pas, sans discrédit, refuser de s'y conformer.

Mais ni lors des révolutions qui depuis 1815 ont à plusieurs reprises changé la forme du gouvernement français, ni lors de l'insurrection parisienne du 18 mars 1871, ni plus récemment encore au cours des trou-

(1) *British and Foreign State Papers*, vol. XXXVIII, p. 928-1050.
(2) *Annual Register*, 1873, p. 226.
(3) *British and Foreign State Papers*, vol. LVIII.
(4) *Ibid.*, vol. LXII.
(5) V. ci-dessus, p. 20.

bles qui depuis plusieurs années agitent l'Empire des Tsars, les agents diplomatiques accrédités dans ces pays n'ont songé à invoquer l'ancien droit d'asile et à accorder un refuge dans leurs hôtels aux victimes de ces agitations politiques.

De nos jours, le droit d'asile ne survit plus qu'en Turquie. Cette situation particulière de la Turquie ne saurait surprendre, l'Empire ottoman étant sur plus d'un point exclu en fait du droit public européen. Malgré la déclaration de l'article 7 du traité de Paris du 30 mars 1856 que la « Sublime Porte était admise à participer aux avantages du droit public et du concert européens », la Turquie, aujourd'hui encore, n'est pas traitée sur un pied d'égalité par les autres États : sa souveraineté est mise en échec par le régime des Capitulations et la juridiction des consuls étrangers, par les stipulations relatives à la liberté religieuse des sujets du Sultan (article 9 du traité de Paris de 1856 et article 62 du traité de Berlin du 13 juillet 1878), par le contrôle international des finances ottomanes, par l'intervention des grandes puissances européennes en vue de l'amélioration du sort de certaines provinces de l'Empire ottoman (Arménie, Crète, etc.)

Au moment où la Constitution de 1876 vient d'être remise en vigueur en Turquie (juillet 1908), il est intéressant de rappeler que son auteur, Midhat-Pacha, lors du procès d'État dans lequel Abdul-Hamid voulut étouffer les vestiges de la dite Constitution, trouva un asile, dans la nuit du 16 au 17 août 1881, au consulat de France à Smyrne, et que le corps consulaire refusa de le livrer à la Porte. Midhat finit par se rendre bénévolement sur la foi d'une dépêche du ministre de la justice lui garantissant la sécurité de sa personne. — De même Mavrogéni-Pacha, médecin particulier du Sulan, accusé de haute trahison, trouva un refuge à l'ambassade de Russie. — Plus récemment, en 1895, Kioutchouk Saïd Pacha, ancien grand Vizir, estimant sa vie en danger, se réfugia le 4 décembre avec son fils à l'hôtel de l'ambassade d'Angleterre. Le Sultan l'ayant fait réclamer, sir Currie, appuyé par le corps diplomatique tout entier, fit savoir qu'il ne saurait forcer le réfugié à quitter l'hôtel de l'ambassade. Saïd Pacha retourna chez lui le 9 décembre sur l'assurance formelle qui lui fut donnée que sa vie ne courait aucun danger et qu'il serait libre d'habiter où il voudrait. L'ambassadeur d'Angleterre, se conformant aux Instructions de son gouvernement, écrivit d'ailleurs au ministre des affaires étrangères de Turquie pour constater que Saïd n'avait quitté son hôtel que sur les promesses faites officiellement que sa vie serait sauve et sa liberté respectée, et exprimer l'espoir que ces promesses seraient tenues (1). — Et tout dernièrement, à la suite du mouvement jeune-turc et

(1) V. sur cette affaire le *Temps* des 7 décembre 1895 et jours suivants, et aussi la *Revue générale de droit international public*, t. III (1896), p. 375 et suiv.

de la révolution (1) qui vient d'avoir pour résultat, le 24 juillet 1908, le rétablissement de la Constitution de 1876, n'a-t-on pas annoncé que l'ancien secrétaire de la chancellerie du Sultan, Izzet-Pacha, l'un des hommes les plus notoires de la camarilla du Palais sous l'ancien régime, aurait trouvé un asile à l'ambassade d'Allemagne ? Il en serait parti sur une chaloupe de l'ambassade, qui l'aurait conduit à bord d'un caboteur anglais, le *Maria* (2). Ce bateau devait le conduire en Europe. Mais les Jeunes-Turcs ayant protesté contre ce départ et réclamé l'arrestation du fugitif, des croiseurs turcs arrêtèrent le *Maria* dans les Dardanelles, et des officiers ottomans essayèrent de décider Izzet-Pacha à quitter le bord. Celui-ci s'y étant refusé, le bateau fut, sur l'intervention de l'ambassadeur d'Angleterre, autorisé à continuer sa route, et Izzet-Pacha gagna Londres. Un autre familier du Sultan, victime lui aussi du mouvement révolutionnaire, Sélim Melhamé Pacha, chef du Département des forêts, des mines et de l'agriculture, se serait enfui dans des conditions à peu près identiques. Il se serait embarqué le 29 juillet 1908 sur la chaloupe à vapeur de l'ambassadeur d'Italie et il se serait rendu ainsi

(1) Cette révolution, jusqu'ici essentiellement pacifique, parait n'être autre chose qu'un pronunciamento exécuté par des officiers subalternes, par l'armée *au profit de la nation*. Et c'est là ce qui donne à la révolution turque son caractère distinctif : la force militaire tentant de créer pour le peuple la liberté dans la paix.

(2) V. le *Journal des Débats* des 4 et 23 août 1908. — Izzet-Pacha a fait à Londres au représentant du *Daily Mail* le récit de son départ de Turquie, départ motivé, d'après lui, par une lettre du Sultan qui lui ordonnait de se rendre en Europe. « Je savais, dit-il, que si j'étais parti sur l'un des bateaux de poste, je me serais exposé aux insultes du parti jeune-turc. Dans ces conditions, je fis affréter un bateau anglais le *Maria*, avec l'intention formelle d'aller en Angleterre. Ma femme et mes enfants — trois fils et deux filles — étaient à Prinkipo, île de la mer de Marmara, et je résolus de ne pas les laisser derrière moi. Nous les prîmes à bord et partîmes vers les Dardanelles. Mais bientôt on nous fit signe d'arrêter et un amiral turc monta à bord. Il avait reçu un message du grand Vizir, disant que le parti jeune-turc savait que je prenais la fuite vers l'Europe et qu'il désirait m'emmener. Vous pouvez imaginer quel fut mon soulagement de me voir sous la protection du drapeau britannique. Le consul d'Angleterre vint à bord avec l'amiral ottoman et il ne permit pas que l'amiral me parlât autrement qu'en sa présence. L'amiral me lut le message du grand Vizir et j'y répondis par écrit, en ajoutant que j'agissais par ordre du Sultan. Les négociations se poursuivirent pendant trente-six heures, durant lesquelles je commençais à me rendre compte de ce que c'était que d'être en territoire britannique. Les officiers turcs, voyant que leurs arguments n'avaient point d'effet sur moi, en vinrent aux menaces. Des croiseurs vinrent se ranger autour du navire sur lequel je m'étais réfugié, et des canons furent pointés sur nous, mais je savais bien qu'on n'oserait jamais se créer une querelle avec la puissante Angleterre. Alors, on essaya de la persuasion. « Descendez à terre, me dit-on, amenez avec vous votre femme et vos enfants On prendra soin d'eux et aucun mal ne leur sera fait ». — « Comment pourrais-je quitter mes amis, répondis-je ; les officiers qui commandent ce navire sont mes hôtes, il serait impoli de ma part de les quitter ». Enfin la nouvelle attendue avec impatience arriva et fut la bienvenue. Nous allions partir. Ainsi en avait décidé l'ambassadeur d'Angleterre. Nous fîmes escale à Naples et à Gênes, etc... »

à bord du paquebot italien *Bosnia* en partance pour Brindisi (1).

Dans toutes ces circonstances, le gouvernement ottoman, tout en protestant contre cette pratique de l'asile politique par les représentants des puissances, a respecté les légations et n'a pas tenté de se saisir des réfugiés par la force.

B. *Hors d'Europe.* — Si le droit d'asile, même restreint aux victimes des troubles civils et des révolutions politiques, a disparu du droit public européen et même hors d'Europe des États les plus policés, en un mot de ce que Lorimer (2) appelait « l'humanité civilisée » (ce qui comprend tous les États d'Europe sauf la Turquie, les colonies et protectorats de ces États, les États-Unis d'Amérique et le Japon), il est encore pratiqué dans un très grand nombre de pays barbares ou demi-barbares et même dans des États d'une civilisation assez avancée, mais où les rivalités politiques présentent un caractère d'acuité et de violence tout particulier.

C'est ainsi, par exemple, qu'en août 1896, à *Zanzibar*, Saïd-Khaled trouvait un refuge au consulat allemand (3).

En 1894, lors des massacres d'*Arménie*, de nombreux Chrétiens durent leur salut aux légations et consulats étrangers (4).

Les troubles arméniens, en nécessitant une intervention des grandes puissances qui imposèrent à la Turquie des réformes, amenèrent une autre province de l'Empire ottoman, la *Crète*, à réclamer elle aussi des modifications à ses institutions (1896). Mais, le gouvernement ottoman s'étant efforcé d'éluder les réformes auxquelles il avait consenti, une agitation très vive s'empara de la Crète, et, en février 1897, des massacres eurent lieu dans les principales villes. Ici encore les consulats étrangers sauvèrent des vies humaines (5).

Au *Maroc*, les légations et consulats ont fréquemment, et notamment durant ces dernières années où l'anarchie intérieure semble parvenue à son comble, servi d'asile à des réfugiés politiques. C'est ainsi que le 26 août 1908, après la proclamation de Mouley-Hafid à Mazagan et à Larache, les Pachas azizistes de ces deux villes se réfugièrent respectivement au consulat de France de la localité. A Larache, M. Mercier, chargé du consulat, accompagna le fugitif au port et le conduisit jusqu'à

(1) Dépêche de Constantinople à l'Agence Havas. V. le *Journal des Débats* du 30 juillet 1908.

(2) *Principes de droit international*, trad. Nys, 1885, liv. II, p. 69.

(3) V. *Revue générale de droit international public*, t. III (1896), p. 697.

(4) V. la même *Revue*, t. II (1895), p. 256 et suiv., t. III (1896), p. 88 et suiv., t. IV (1897), p. 533 et suiv.

(5) V. sur la question crétoise, la même *Revue*, t. IV et VII (1897-1900).

un bateau en partance pour Tanger sur lequel il le fit embarquer (1). A l'heure actuelle, le fameux El Menebbi n'est-il pas encore réfugié à la légation d'Angleterre ?

De même en *Perse*. On sait que des désordres graves ont eu lieu dans ce pays le 23 juin 1908 et les jours suivants par suite du conflit aigu qui a surgi depuis plusieurs mois entre le Schah et le parti constitutionnel. A Téhéran, à Tabriz, il y eut de nombreuses victimes, des pillages, des arrestations en masse, malgré un édit d'amnistie publié le 25 juin. De nombreuses personnalités se réfugièrent dans les légations. C'est ainsi que le ministre des finances et quatre députés auraient trouvé un asile à la légation d'Italie (2). D'après une dépêche de Téhéran au *Lokal Anzeiger* de Berlin, plus de cent personnes, des marchands pour la plupart, se seraient réfugiées dans la résidence d'été de l'ambassade de Turquie malgré la volonté de l'ambassadeur (3). Le ministre d'Allemagne aurait proposé au Schah, pour lui et la famille impériale, l'hospitalité de la légation ; mais cette offre aurait été déclinée par le Souverain, qui aurait déclaré qu'en cas de danger c'est à M. Hartwig, ministre de Russie à Téhéran, qu'il confierait sa famille (4). Enfin, d'après les déclarations mêmes de sir Edward Grey, ministre des affaires étrangères, à la Chambre des communes, le 25 juin 1908, un grand nombre de personnes, parmi lesquelles un député et cinq journalistes, s'étaient réfugiées le 24 à la légation britannique (5). Cet asile a même donné lieu à certaines

(1) V. l'*Eclair* du 28 août 1908.

(2) V. le *Journal des Débats* du 27 juin 1908.

(3) *Journal des Débats* du 3 août 1908. — Ces personnes se seraient réfugiées à l'ambassade de Turquie à raison de l'effervescence causée en Perse par la nouvelle de la révolution turque du 24 juillet 1908.

(4) *Journal des Débats* du 29 juin 1908. — Un télégramme du 27 annonce que le corps diplomatique de Téhéran s'est réuni au complet chez le ministre de Russie ; seul le ministre d'Allemagne s'était abstenu. Au cours de cette réunion, les représentants étrangers ont discuté de la situation avec les membres du gouvernement persan et avec les leaders des partis politiques et ils se sont efforcés d'amener une réconciliation générale.

(5) Le 23 juin, dit sir Edward Grey, le chargé d'affaires de Grande-Bretagne à Téhéran annonça que le Schah avait envoyé vingt cosaques pour arrêter huit personnes dans une mosquée voisine du Parlement. On refusa de laisser l'arrestation s'opérer et un coup de feu partit de la mosquée. Les soldats du Schah mirent alors des canons en ligne, et un certain nombre de personnes furent tuées .. Notre attaché militaire annonçait en même temps que personne ne s'était encore réfugié à la légation britannique. Le 23 juin, le ministre de Russie et le chargé d'affaires de Grande-Bretagne envoyèrent leurs drogmans respectifs auprès du Schah pour demander que les mesures les plus rigoureuses fussent prises pour maintenir l'ordre et pour assurer la sécurité des Européens. En réponse à cette demande, le Schah donna des assurances complètes et ordonna que l'on accordât une protection spéciale aux télégraphes et à la Banque impériale de Perse. Hier, M. Marling télégraphia que le calme régnait à Téhéran et qu'il ne prévoyait aucun danger pour les Européens. Cependant un grand nombre de personnes, parmi lesquelles un député et

difficultés entre les deux gouvernements. Malgré les réclamations du gouvernement persan (1) le Cabinet de Londres approuva l'attitude de son représentant à Téhéran comme étant conforme à l'usage du pays, et demanda, en outre, avant de laisser partir les personnes réfugiées à la légation, des garanties sérieuses au sujet de leur sécurité. Bien plus, le gouvernement persan ayant fait poster des troupes autour de la légation, l'Angleterre considéra ce fait comme un manque de respect et réclama des excuses officielles (2) qui lui furent accordées (3). Il est permis de se demander si le gouvernement du Schah, en cédant aux exigences de l'Angleterre et en consentant à faire des excuses, n'a pas fait preuve d'une trop grande faiblesse et créé un précédent déplorable. Nous verrons (4), en effet, qu'il est admis d'une manière générale que, au cas d'asile, l'autorité locale a le droit d'entourer de gardes l'habitation de l'agent diplomatique qui sert de lieu de refuge, et de pren-

cinq journalistes, s'étaient réfugiés à la légation britannique. Pendant la nuit du 23, le Schah avait fait arrêter trente membres importants de l'opposition, etc »...

(1) D'après une dépêche de Tehéran au *Berliner Tageblatt* en date du 30 juin 1908, le Schah aurait même adressé au Roi Edouard une plainte au sujet de cet asile, plainte à laquelle le Roi aurait répondu en approuvant l'attitude de la légation britannique.

(2) V. déclaration de sir Edward Grey à la Chambre des communes. — « Quelques personnes se sont réfugiées à la légation britannique, *suivant l'usage du pays*, dit le ministre, et cela, joint au fait que le Schah avait posté des troupes dans le voisinage de la légation (procédure inconvenante contre laquelle l'Angleterre avait protesté), donne lieu à une correspondance avec la Perse, parce qu'on ne peut pas laisser partir les réfugiés sans avoir obtenu des garanties définitives et sûres pour qu'ils soient bien traités » (30 juin 1908) (*Journal des Débats*, du 2 juillet 1908). — « On n'a pas l'intention, disait le même ministre à la séance du 7 juillet, de publier les documents sur les affaires de Perse si, comme on l'espère, la question des réfugiés de la légation britannique est réglée de façon satisfaisante. Je ne puis faire aucune nouvelle communication, sauf celle-ci que *nous avons protesté contre le fait de poster des troupes autour de la légation*. J'espère que l'affaire sera réglée de façon satisfaisante, mais elle n'est pas encore terminée » (*Journal des Débats*, du 9 juillet 1908).— Le 9 juillet, questionné par des députés au sujet de l'attitude du gouvernement dans les affaires de Perse, sir Edward Grey répondait : « Des excuses ont été demandées au gouvernement persan, et je crois savoir que ces excuses seront faites. Mais, tant que les excuses n'auront pas été faites en termes satisfaisants, l'incident ne pourra être considéré comme clos ». Et, comme un député, M. Dillon, insistait pour savoir combien de personnes avaient été mises à mort, si la torture avait été employée et si le gouvernement anglais avait protesté contre l'usage de tels procédés, le ministre ajoutait qu'il s'abstiendrait de toute intervention dans les affaires intérieures de Perse : « Comme je l'ai déjà dit, nous avons demandé des garanties pour assurer aux réfugiés à la légation britannique à Téhéran la sécurité ou le traitement qui convient à leur situation. Je ne puis aller plus loin ».

(3) V. *Journal des Débats* du 12 juillet 1908. D'après une dépêche de Téhéran, le ministre de la Cour, Sultan Ali khan et Ala es Saltaneh, ministre des affaires étrangères, devaient se rendre à la légation britannique pour faire des *excuses officielles*, l'un au nom du Schah et l'autre au nom du gouvernement, pour le manque de respect que l'on a manifesté envers le drapeau anglais en postant des soldats aux abords de la légation.

(4) V. plus loin, p. 37.

dre au dehors toutes les mesures nécessaires pour s'opposer à toute évasion (1). Ces mesures, il est vrai, ne doivent jamais être de nature à constituer une offense pour le ministre étranger. Or, d'après une note du *Times* du 1er juillet 1908, des actes d'insolence auraient été commis par les cosaques aux alentours de la légation (2). Seuls de tels actes, et non le simple fait d'« avoir posté des troupes aux abords de la légation », pourraient justifier l'attitude de l'Angleterre.

A l'heure actuelle, la crise persane n'est pas terminée. Au contraire l'anarchie paraît grandir. Tandis que les Kurdes s'agitent sur les frontières, la ville importante de Tabriz est ravagée par des combats acharnés, et les troupes du Schah ne parviennent pas à la reprendre aux partisans du régime constitutionnel. De nouveaux cas d'asile sont probables.

Aux termes du traité de 1856 entre la Perse et les États-Unis (art. 7), les agents diplomatiques et consuls américains ne doivent accorder aucune protection, ni secrète, ni publique aux *sujets persans*. Cette stipulation fut scrupuleusement observée par le gouvernement de l'Union en 1894, lors de la persécution des Juifs à Hamadan. Un sujet persan s'étant réfugié dans la maison d'un missionnaire américain, M. James Hawkes, les autorités locales envahirent cette demeure et enlevèrent le fugitif. Le secrétaire d'Etat américain, M. Gresham, reconnut que le gouvernement du Schah n'avait pas outrepassé ses droits. « The domiciliary rights of citizens of the United States in Persia, écrivait-il le 18 août 1894 au ministre des États-Unis en Perse (3), may not be expanded to embrace the protection by them of Persian subjects, when such protection is explicitly disclaimed by the Government of the United States, and when its assertion by their diplomatic and consular representatives is positively inhibited ».

La *Chine*, en 1900, fut le théâtre d'affreux massacres de Chrétiens et d'étrangers qui rappelèrent ceux qui, en 1896, avaient ensanglanté l'Arménie. Des brigands, dits Boxers, encouragés par la complicité passive du gouvernement chinois, assassinèrent un grand nombre de Chinois chrétiens et d'étrangers, parmi lesquels M. de Ketteler, ministre d'Allemagne à Pékin. Chrétiens et étrangers se réfugièrent dans les légations et consulats que les Boxers n'hésitèrent pas à assiéger. Mais une armée internationale marcha sur Pékin où elle entra le 15 août 1900 et délivra les légations et les nombreux réfugiés qui y avaient trouvé asile et qui purent ainsi échapper à une mort cruelle.

(1) V. à ce sujet l'affaire Saïd-Khaled, dans la *Revue générale de droit international public*, t. III (1896), p. 697.

(2) *Journal des Débats* du 2 juillet 1890. Il est difficile d'être exactement renseigné à ce sujet, le gouvernement britannique n'ayant pas l'intention de publier les documents relatifs à cette affaire (déclaration du ministre des affaires étrangères du 7 juillet 1908).

(3) *Foreign Relations*, 1894, p. 497.

Mais c'est dans l'*Amérique centrale* et l'*Amérique du Sud* que la pratique de l'asile est aujourd'hui la plus fréquente. L'état chronique de révolution dans lequel se trouvent ces pays explique cette survivance, que l'on essaye de justifier par des raisons d'humanité. Elle a cependant donné lieu souvent à de graves difficultés.

Pour essayer d'y mettre fin à l'avenir, une tentative de réglementation de ce droit d'asile eut lieu à Lima en 1867.

Déjà, à la suite du refuge accordé au général Causéco par M. Robinson, ministre des États-Unis au Pérou, en mai 1865, et des difficultés qui avaient surgi à cette occasion, le corps diplomatique accrédité auprès du gouvernement péruvien (qui comprenait, outre les représentants de l'Europe, les ministres d'un certain nombre d'États américains, États-Unis, Brésil, Bolivie, Guatémala, etc.) s'était réuni et avait arrêté, le 19 mai, les termes d'un accord — à faire ratifier par leurs gouvernements respectifs — d'après lequel l'asile ne devait être accordé qu'avec la plus grande réserve et devait être réduit au temps strictement nécessaire pour que le réfugié puisse se mettre en sûreté d'une autre manière (1).

La règle ainsi posée était trop vague. On s'en aperçut bientôt. La même année, un nouvel incident surgissait entre le gouvernement péruvien et la France à raison de l'asile qu'avaient trouvé à la légation française plusieurs partisans du général Pezet (novembre 1865). M. de Lesseps, chargé d'affaires de France à Lima, dans une Note du 24 avril 1866 au ministre des relations extérieures du Pérou, insista alors sur l'utilité qu'il y aurait à fixer d'une manière définitive la pratique à cet égard, de façon à conjurer à l'avenir les conflits en cette matière. Cette proposition reçut un accueil favorable, et la réunion du corps diplomatique eut lieu le 15 janvier 1867. Mais à cause de l'intransigeance du gouvernement péruvien qui réclama énergiquement l'abolition du droit d'asile, les conférences demeurèrent sans résultat pratique et laissèrent la question en suspens (2).

Par suite de cet échec, la pratique de l'asile politique continue donc dans l'Amérique du Sud sans autres limites que celles stipulées dans les traités, quand il en existe, et celles que la prudence peut conseiller aux agents diplomatiques (3).

(1) Il était d'ailleurs expressément convenu que cette reconnaissance du droit d'asile ne s'appliquait qu'aux délits politiques.

(2) V. Pradier Fodéré, *Cours de droit diplomatique*, t. II, p. 80 et suiv., et *Traité de droit international public européen et américain*, t. III, n° 1423. Pedone, éditeur. Paris.

(3) On trouvera de nombreux exemples, relatifs pour la plupart à des cas de refuge dans les légations des États-Unis (avec extraits des Instructions du gouvernement américain à ses représentants à l'étranger), dans le grand ouvrage de M. John Bassett Moore,

En mai 1870, M. Corbett, ministre d'Angleterre au *Guatemala*, donna asile à un révolté que M. Hudson, agent diplomatique des États-Unis, avait refusé de recevoir. Le gouvernement plaça des soldats autour de la légation avec ordre d'arrêter le réfugié s'il tentait de s'échapper (1).

Dans la République de *Salvador*, lors de la révolution de 1871 qui amena la chute du Président Duenas, ce dernier trouva un asile auprès du ministre des États-Unis, le général Torbert. Il ne fut remis aux agents du gouvernement que de son propre consentement et sur la promesse qu'il aurait la vie sauve (2).

Quelques années après, en 1874, lors d'une tentative de révolution qui eut lieu en *Bolivie*, M. Reynolds, ministre des États-Unis, accorda protection dans sa légation à deux Boliviens qui craignaient d'être molestés à raison de faux rapports faits à leur gouvernement par des ennemis personnels. Par contre, il refusa l'entrée de son hôtel à d'autres fugitifs qui avaient été mêlés à la mutinerie de l'armée, alléguant que pour des délits purement politiques ils ne seraient pas inquiétés et que pour des crimes contre les lois du pays il n'appartenait pas au pavillon américain de les protéger (3).

En 1875, une insurrection, ayant eu lieu dans la *Colombie*, le général Salgar trouva un asile dans la légation des États-Unis.

En janvier 1877, lors de la révolution qui, au *Mexique*, suivit l'élévation à la présidence du général Diaz, le général Arce, son adversaire, se réfugia au consulat américain à Mazatlan. Des soldats l'ayant enlevé du consulat, le ministre des États-Unis à Mexico protesta auprès du gouvernement mexicain qui lui accorda réparation (4).

Au *Chili*, à la suite de la bataille du 28 août 1891 qui fit tomber Valparaiso aux mains des Congressistes et consacra irrémédiablement la défaite du Président Balmaceda, ce dernier, ne voyant aucun moyen de fuir, demanda un asile au ministre de la République argentine à Santiago, M. Urriburia, asile qui lui fut accordé. Mais, le 19 septembre, l'ancien Président, considérant sa situation comme sans issue, craignant peut-être aussi que sa retraite ne fût découverte et que son hôte ne fût impuissant à le protéger contre les fureurs de la populace, se brûla la cervelle dans la chambre qu'il occupait à la légation (5). — De leur côté,

professeur à l'Université de Colombia, intitulé : *A Digest of international Law*, Washington, t. II, p. 781-845.

(1) *Foreign Relations*, 1870, p. 443.

(2) *Foreign Relations*, 1871, p, 693 et 1872, p. 530 et suiv.

(3) *Foreign Relations*, 1875, 1, p. 82.

(4) *Foreign Relations*, 1877, p. 398.

(5) V. sur la guerre civile au Chili et la chute de Balmaceda, l'étude de M. de Varigny dans la *Revue des Deux-Mondes* du 15 novembre 1891, p. 406. — Plusieurs partisans de

les partisans de Balmaceda, parmi lesquels des ministres, des sénateurs, des membres du Congrès, des juges, pour échapper aux poursuites ordonnées contre eux, se réfugièrent en grand nombre dans les légations d'Espagne et des États-Unis ; quelques-uns aussi dans les légations de France, du Brésil, de l'Uruguay, d'Allemagne, d'Angleterre. Une surveillance fut exercée autour des légations d'Espagne et des États-Unis, et même des personnes se rendant dans ces légations furent arrêtées. Il s'ensuivit une longue correspondance entre les ministres d'Espagne et des États-Unis d'une part et le gouvernement chilien d'autre part. Ce ne fut qu'en janvier 1892, après le départ des réfugiés sur un bâtiment américain, le *Yorktown*, que cessa la surveillance de police instituée autour des légations (1). N'avait-on pas vu, cependant, à la Conférence de Lima, en 1867 (2), le représentant du Chili qualifier le droit d'asile de « correctif humanitaire qui apparaît lorsque les agitations politiques exaspèrent extraordinairement les passions », et s'efforcer de démontrer que, les réfugiés de la veille pouvant être les vainqueurs du lendemain, tous les partis politiques avaient un intérêt commun à le conserver ?

Le ministre du *Brésil* s'était également montré en 1867 favovable au maintien du droit d'asile. Cependant le Brésil n'hésita pas depuis à donner ses passeports au ministre du Portugal qui avait accordé protection à des insurgés de la flotte brésilienne lors de l'insurrection de cette flotte en 1894.

Plus récemment encore, nous avons vu le droit d'asile pratiqué dans la plupart des États Sud-américains. En 1898, lors d'une insurrection qui éclata en *Bolivie*, comme un certain nombre de personnes cherchaient un refuge dans les légations, les ministres de France, des États-Unis et du Brésil à la Paz signèrent un accord en date du 21 décembre, aux termes duquel les personnes qui solliciteraient d'eux un asile devraient, après avoir fait connaître leur nom, leur situation officielle, leur résidence, les raisons pour lesquelles elles demandaient protection, souscrire aux conditions suivantes : 1° consentir à ce que les autorités locales soient informées de leur lieu de refuge ; 2° n'avoir aucune communication avec les personnes du dehors, et ne recevoir aucun visiteur sans la permission des autorités ; 3° s'engager à ne pas quitter la légation sans la permission du ministre résident ; enfin 4° quitter volontairement la légation quand elles en seraient requises par le ministre (3).

Balmaceda se réfugièrent de leur côté à bord de navires étrangers, et notamment du navire américain, le *San Francisco*, mouillé dans le port de Valparaiso.

(1) *Foreign Relations*, 1891, p. 166-236.

(2) Séance du 29 janvier. V. plus haut, p. 29.

(3) V. Moore, *op. cit.*, t. II, p. 784.

En 1904 à *Guatemala*, un prisonnier échappant à ses gardiens pénétra sans autorisation dans la légation du Mexique. Les soldats l'y poursuivirent et l'emmenèrent de force. Le ministre mexicain protesta contre cette violence, et le gouvernement du Guatemala fit droit à sa demande en lui exprimant ses regrets de l'incident et en punissant les auteurs de l'outrage fait à la légation (1).

Une révolte ayant éclaté à Assomption (*Paraguay*) en juillet 1908, le Président Ferreira et les ministres furent obligés de démissionner et se réfugièrent à la légation argentine (2). Déjà, lors de la révolution qui éclata dans ce pays au mois d'août 1904, des indigènes cherchèrent un asile dans les légations et consulats étrangers. A cette occasion, le gouvernement américain déclara même que ses *consulats* ne devaient pas servir d'asile aux réfugiés politiques (dépêche de M. Adee à M. Ruffin, 15 août 1904) (3).

VII. — Le droit d'asile en Haïti.

Ainsi, il est établi que le droit d'asile, bien que n'étant pas reconnu par le droit international, est encore d'un usage courant dans les États de l'Amérique centrale et de l'Amérique du Sud. Haïti ne fait pas exception. Le droit d'asile y a toujours été pratiqué et même, étant donné l'état de trouble dans lequel ce pays s'est trouvé à plusieurs reprises, on y a eu recours plus souvent qu'ailleurs aux *légations* et aux *consulats* comme lieux de refuge (4). Qu'il nous suffise, pour l'établir, d'emprunter quelques exemples à l'histoire des quarante dernières années.

En mai 1868, lors du retour à Port-au-Prince du Président Salnave, qui venait de réduire une insurrection, plus de cent cinquante personnes se réfugièrent à la légation des États-Unis (dépêche de M. Hollister, du 8 mai 1868). Le Président Salnave déclara que les femmes et les enfants pouvaient sortir sans crainte, et permit que les hommes fussent embarqués sur un vaisseau marchand à destination de New-York (dépêche du 29 juin).

(1) *Foreign Relations*, 1904, p. 488.

(2) V. l'*Opinion* du 11 juillet 1908, p. 32.

(3) *Foreign Relations*, 1904, p. 859-860.

(4) Dans tout ce que nous avons dit de l'asile international, nous n'avons parlé que des légations et non des consulats. C'est que la majorité des publicistes et jurisconsultes et la pratique de la plupart des États européens et américains refusent aux consuls et agents consulaires le caractère de ministres publics : il ne saurait, dans ces conditions, être question pour eux de droit d'asile. La plupart des conventions consulaires sont formelles sur ce point. Et nous avons vu que le Règlement de Venise sur les immunités consulaires (session de l'Institut de droit international de 1896) stipule que le consul « devra livrer » à l'autorité territoriale, sur sa simple réquisition, les individus qui se seraient réfugiés au consulat. Mais, en fait, dans les pays où le droit d'asile subsiste encore, il est pratiqué aussi bien par les consuls que par les ministres publics.

En mars 1872, M. Jastram, agent commercial des États-Unis à Saint-Marc, donna asile au général Batraville poursuivi pour appel à l'insurrection. Les autorités demandèrent que celui-ci leur fût livré, et, sur le refus qui leur fut opposé, envahirent l'agence. M. Jastram fut molesté et ne fut laissé en liberté que sur l'intervention du vice-consul de France. Le ministre des Etats-Unis estima qu'il n'y avait pas lieu de réclamer contre l'arrestation du général Batraville, mais obtint que le gouvernement haïtien lui exprimât ses regrets du traitement qui avait été infligé à M. Jastram et promît de protéger efficacement à l'avenir les agents consulaires.

La même année, le vice-consul britannique au Cap-Haïtien reçut au consulat des délinquants politiques, et son refus de les livrer causa une vive exaspération. Les autorités placèrent une garde autour du consulat. Finalement les réfugiés furent remis aux agents haïtiens par lesquels ils furent embarqués.

Les autorités de la République dominicaine allèrent plus loin et n'hésitèrent pas, en mars 1873, à se saisir par la force de trois de leurs nationaux réfugiés au consulat anglais de Puerto Plata à la suite d'une démonstration armée à laquelle ils s'étaient livrés pour protester contre la cession de la baie de Samana aux États-Unis. Le chargé d'affaires d'Angleterre les fit relâcher et obtint la punition des autorités qui avaient procédé à l'arrestation. Mais, à la suite de cet incident, l'Angleterre reconnut les inconvénients qu'offrait la pratique de l'asile par les agents consulaires, et le 1er août 1873 lord Granville faisait informer les autorités de Santo-Domingo que *le gouvernement anglais avait décidé de renoncer à la pratique de recevoir les réfugiés politiques* dans ses *consulats* (cette règle ne saurait donc s'appliquer aux agents diplomatiques) de la République dominicaine.

En mars 1875, le ministre d'Angleterre en Haïti donna asile au général Lamothe, ancien ministre de l'intérieur et des affaires étrangères. Finalement, celui-ci put retourner chez lui en toute sécurité, et avec l'assurance que son cas serait l'objet d'une procédure juridictionnelle régulière. Le général Lamothe fit ensuite partie du gouvernement provisoire qui, en juillet 1879, remplaça le Président Canal lorsque celui-ci, après les mouvements insurrectionnels qui éclatèrent alors dans le Nord de l'île, eut résigné ses fonctions et quitté le pays.

Quelques mois après, en mai 1875, lors de la répression à laquelle procéda le Président Domingue, plusieurs personnes frappées de bannissement trouvèrent asile à la légation des États-Unis à Port-au-Prince ; elles furent ensuite, aux termes d'un accord du 27 septembre entre les deux gouvernements, autorisées à quitter l'île en toute sécurité, à la condition qu'elles n'y rentreraient qu'avec la permission des autorités haïtiennes.

Par suite d'un de ces retours de fortune si fréquents en Haïti, le même Président Domingue était renversé en avril 1876 et gagnait Saint-Thomas grâce à la protection de la légation française.

En mars 1878, le général Tanis et ses partisans se réfugient partie à la légation des Etats-Unis, partie dans légations de France et d'Angleterre, d'autres enfin (parmi lesquels le général Salomon qui fut depuis élevé à la présidence et qui conserva le pouvoir plus longtemps (dix ans qu'il n'est d'usage en Haïti) au consulat du Pérou. Et cependant, lors qu'après l'échec des Conférences de Lima en 1867 le gouvernement péruvien avait fait savoir au corps diplomatique qu'il ne reconnaîtrait plus a l'avenir l'asile diplomatique tel qu'il avait été pratiqué jusqu'alors au Pérou, il avait déclaré qu'en retour il renonçait à ce privilège dans les États où il subsistait. En présence de l'attitude unanime du corps diplomatique qui refusa de livrer les fugitifs, le gouvernement haïtien renonça à les poursuivre et consentit à leur embarquement.

En juin 1879, nouvelle insurrection à Port-au-Prince, nouvel asile de révolutionnaires dans les légations et consulats étrangers, qui se termine par un embarquement pour l'étranger (la Jamaïque ou une autre île voisine).

Nouveau mouvement insurrectionnel en 1883 et 1884. Le gouvernement haïtien ayant réclamé du vice-consulat de France à Jacmel la livraison de soi-disant assassins du général Vériquain qui s'y trouvaient réfugiés, Jules Ferry, par une lettre du 18 juillet 1884, enjoignit à notre représentant de refuser. « Il nous serait impossible, écrivait-il, de souscrire de telles restrictions d'un usage dont les derniers événements suffiraient à justifier le maintien..... C'est surtout au lendemain d'une insurrection et alors que les efforts du corps diplomatique ont protégé, non sans peine, les vaincus contre les représailles excessives des vainqueurs, qu'il peut paraître étrange de réclamer l'application du droit commun en matière d'asile ». Mais, à l'occasion des mêmes événements, le Président Salomon put, avec raison, faire retomber la responsabilité des troubles sur le consul d'Angleterre à Jacmel qui avait permis aux conspirateurs de prendre son consulat comme base de leurs opérations

En 1890, sous la présidence du général Hippolyte, nous trouvons à la tête des relations extérieures d'Haïti M. Antenor Firmin, le chef de la dernière insurrection de 1908. M. Firmin, qui avait alors sur la question du droit d'asile des sentiments tout à fait opposés à ceux qu'il manifeste aujourd'hui, s'opposait à l'embarquement de deux des personnes réfugiées à la légation de France et réclamait la livraison de ces individus qu'il déclarait « prévenus de crimes de droit commun » ; il autorisait d'ailleurs l'embarquement des réfugiés « qui n'avaient rien à démêler avec la justice ». « On ne saurait étendre cette immunité (l'exterritorialité des légations), disait-il, sans nier et méconnaître la souveraineté de la nation au milieu de laquelle réside cette légation... Vous sentirez qu'il n'y a rien d'excessif à ce que mon gouvernement ait réclamé MM. Horelle Monplaisir et Pyrrhus Agnant... Le général commandant n'acceptera pas l'embarquement des prévenus... ». Toute la thèse actuelle du Président Nord-Alexis se trouve exposée avec un grand luxe d'arguments dans deux lettres de M. Firmin en date des 18 et 23 mars 1890 (n°s 329 et 342) (1). Il est vrai qu'en fait M. Firmin, en autorisant l'embarquement

(1) Lettre du 18 mars 1890, reproduite dans le *Matin*, quotidien de Port-au-Prince, du 18 février 1908 :

« ... Si le droit international, par une fiction nécessaire, accorde l'exterritorialité à toute légation étrangère, de même qu'à la personne des ministres et de leurs employés immatriculés, de leurs familles et de leurs domestiques, afin de leur donner l'indépendance sans laquelle ils n'auraient jamais pu remplir leur haute mission avec la dignité désirable, on ne saurait étendre cette immunité, sans nier et méconnaître la souveraineté de la nation au milieu de laquelle réside cette légation. Aussi est-ce abuser positivement de l'exterritorialité de la légation française que d'avancer officiellement et sans ambages que des Haïtiens en Haïti,une fois réfugiés sous votre pavillon, « sont considérés comme hors du pays » et que les tribunaux haïtiens ne peuvent les juger que par « contumace ». Si une telle doctrine pouvait être acceptée, la nation haïtienne aurait perdu, en faveur de la France, la plus belle prérogative de sa souveraineté qui est d'appliquer la justice contre tous ceux qui sont prévenus de crimes, afin de moraliser le peuple par l'exemple de la répression légale. Le droit des gens moderne ne saurait admettre la confiscation d'une telle prérogative d'un peuple indépendant en faveur d'un autre peuple, sans effacer le principe d'égalité qui fait de tous les Etats des personnes morales aussi respectables les unes que les autres dans l'exécution de leurs lois internes. La question de savoir si le pays jouit ou non d'une parfaite tranquillité ne saurait être abandonnée à l'appréciation d'une légation étrangère, qui n'est placée dans un pays ami que pour entretenir les bonnes relations internationales, protéger au besoin ses nationaux, mais jamais pour faire la police au lieu et place de l'autorité souveraine, ni décider arbitrairement que le pays où elle réside n'est plus en paix... La préoccupation des idées de représailles qu'engendre l'esprit de parti ne peut aucunement justifier une dérogation au droit international, ni une violation du principe d'indépendance entre les nations... La France est un pays civilisé, Haïti a fait avec elle un traité de commerce et d'amitié : cela signifie que, pour tous les cas non stipulés dans ce traité, les deux nations qui ont agi d'égal à égal doivent s'appuyer sur le droit établi par l'usage des nations civilisées dans leurs relations internationales. En vain dira-t-on que le droit international subit parfois des exceptions dans les rapports avec certains peuples ; cela peut être vrai pour les peuples qui n'ont jamais eu de relations régulières avec les grandes nations de l'Europe, que l'on considère comme incapables de s'engager dans aucun lien de droit... ; mais cela ne peut s'appliquer à un pays avec lequel on a accepté de traiter en reconnaissant ainsi son égalité morale... ».

Dans la lettre du 23 mars 1890 (V. le *Matin* de Port-au-Prince, du 22 févier 1908), après avoir invoqué à l'appui de sa thèse l'opinion de jurisconsultes et l'exemple de faits de l'histoire diplomatique (affaire du Duc de Riperda, du marchand Springer. V. plus haut, p. 11), M. Firmin ajoute : « Votre expérience de plus de trente ans à Port-au-

de la plupart des réfugiés, reconnaissait le droit d'asile au profit des délinquants politiques, asile dont il vient de profiter à son tour, et en contestait seulement l'extension aux criminels de droit commun. Mais les arguments exposés dans les Notes susvisées sont d'une portée générale et tendent à la suppression absolue de l'asile au profit des regnicoles du pays où l'agent diplomatique est accrédité.

Malgré cette protestation du gouvernement haïtien, les légations et consulats ont continué, depuis 1890, à offrir un abri en cas d'échec aux fauteurs de troubles et aux promoteurs de coups d'État. C'est ainsi que la légation des États-Unis donna asile à des citoyens haïtiens en 1896 (affaire Dahlgren-Lindor) (1),en 1899 (affaire Duvivier,Cicéron François et Sénèque Pierre) (2), en 1905 (affaire Cameau) (3).

De même, au mois de février 1904, au cours d'une révolution dans la République dominicaine, l'agent commercial des États-Unis à Samana donna asile à plusieurs personnes, dont M. Charles Anderson, menacées par leurs ennemis politiques ; l'agence fut envahie et les réfugiés furent capturés. Le gouvernement américain protesta contre cette atteinte à sa souveraineté (4).

Dans la République dominicaine encore, cette République sœur de la République haïtienne, quand fut renversé en 1903 le gouvernement du Président Wos y Gil, l'ex-Président chercha un refuge chez le vice-

Prince et toujours à la légation vous a démontré, observez-vous judicieusement, que vous n'avez jamais eu à user de ce bénéfice à l'égard d'un seul de vos nationaux, mais toujours en faveur des Haïtiens. Cela peut être vrai, mais ce n'est pas moins un fait qui renverse du tout au tout les premières données et les plus claires du droit international : *une légation étrangère ne doit donner refuge qu'à ses seuls nationaux*, dans le cas où elle les croit en danger,car c'est à eux seuls qu'elle doit une protection légitime. Quand, au lieu de ses nationaux, il s'arroge le droit de protéger contre la loi les régnicoles du pays où il est accrédité, l'envoyé diplomatique ne fait autre chose qu'affaiblir l'autorité souveraine de ce pays en se mettant au-dessus d'elle... Il est possible que, soit par ignorance du droit des gens, soit par un calcul d'intérêt mal entendu, soit par tous autres sentiments erronés, des gouvernements haïtiens aient toléré un fait absolument contraire à l'usage international ; mais s'ensuit-il que ces erreurs puissent changer les règles qui dirigent les puissances indépendantes dans leurs relations extérieures ?... J'y vois la cause première de l'instabilité de l'ordre dans mon pays. Tout le temps que des délinquants seront sûrs de l'impunité en recourant seulement à la protection abusive d'une légation étrangère, l'autorité du gouvernement haïtien ne sera jamais respectée de manière à se conformer à l'ordre légal. La légation étrangère deviendrait de la sorte un juge souverain de l'opportunité qu'il y a de punir ou de ne pas punir, et l'Haïtien en Haïti serait plus soucieux de la bonne grâce d'un consul ou d'un ministre étranger que de la protection de son propre gouvernement méritée par sa conduite régulière et son amour de l'ordre ».

(1) *Foreign Relations*, 1896, p. 381.

(2) *Foreign Relations*, 1899, p. 380.

(3) *Foreign Relations*, 1905, p. 551-554.

(4) V. dépêche de M. Hay à M. Powell, du 17 février 1904, *Foreign Relations*, 1904, p. 286-288. — Un cas analogue s'était produit en Haïti en 1873, *Foreign Relations*, 1873, p. 478.

consul d'Angleterre à Santo-Domingo, M. Gosling. Celui-ci, appuyé par le corps diplomatique, obtint que le réfugié fût embarqué pour Porto-Rico (1).

VIII.— Limitation de l'asile diplomatique en Haïti a la suite des derniers troubles.

Ainsi, la pratique de l'asile diplomatique a existé jusqu'ici en Haïti, comme d'ailleurs dans la plupart des pays Sud-américains ; et, malgré les protestations des gouvernements haïtiens, les puissances n'avaient pas consenti à renoncer à cette immunité, qu'elles considéraient comme une mesure humanitaire dont profitaient tous les partis politiques.

Le fait par les agents diplomatiques et les consuls d'avoir accordé en janvier et février 1908 un refuge à M. Antenor Firmin et à ses partisans ne constituait donc pas une innovation et était conforme à une tradition séculaire. Que le Président Nord-Alexis ait cependant protesté et ait réclamé la livraison des révolutionnaires réfugiés dans les légations et les consulats, il n'y a rien à redire : c'était son droit de souverain territorial, et d'ailleurs il ne faisait en cela que suivre l'exemple de plusieurs de ses prédécesseurs ; mais il aurait,dit-on, menacé de prendre de force les réfugiés, si on ne les livrait pas de gré. C'est la crainte que leurs légations ne soient pas respectées et que leurs nationaux fussent molestés qui détermina l'envoi par les puissances de croiseurs dans les eaux d'Haïti : d'autant plus que, comme nous l'avons vu, ce n'eût pas été la première fois que le gouvernement haïtien se serait rendu coupable d'un tel abus de la force et eût violé la franchise des légations (2). Mais les puissances, même celles qui étaient le moins favorables au maintien du droit d'asile, n'ont jamais accepté une telle manière de procéde et, chaque fois que les réfugiés ont été saisis de force dans leurs légations et consulats, elles ont exigé, outre la mise en liberté des personnes arrêtées dans ces conditions, des excuses pour la violation du droit commise à leur endroit.

Pour être tenté de recourir à une mesure si grosse de conséquences, le gouvernement du Président Nord-Alexis était-il donc privé de tout moyen d'action à l'égard de ses ressortissants réfugiés dans les légations et consulats ? Pas absolument. Il pouvait, en effet, non seulement s'opposer à leur embarquement, mais encore — tout le monde est d'accord sur ce point — entourer de gardes les lieux d'asile et prendre au dehors toutes les mesures nécessaires pour empêcher la fuite des réfugiés. Il pouvait,en outre, en présence du refus des agents diplomatiques, s'adresser direc-

(1) *Foreign Relations*, 1904, p. 327.
(2) V. p. 33 et 36.

tement à leurs gouvernements respectifs et leur demander la remise des fugitifs, mais sans recourir à la procédure de l'extradition (1). Mais, si cette réclamation n'était pas accueillie, il faut bien reconnaître qu'il restait désarmé et que sa souveraineté se trouvait mise en échec. C'est là une des raisons qui nous ont fait condamner le droit d'asile. On n'échappe à cette conséquence qu'en reconnaissant au pouvoir local le droit de pénétrer dans les légations et consulats pour y procéder à l'arrestation des réfugiés, mais en prenant toutes les mesures pour ne porter aucune atteinte aux droits du ministre public et aux égards qui lui sont dus. Une telle façon de procéder, jointe au fait d'avoir auparavant invité le ministre étranger à vouloir bien remettre les fugitifs, puis, sur son refus, de s'être adressé à son gouvernement, manifeste le désir de respecter, autant que possible, les immunités des ministres publics. Mais cette manière de procéder, qui serait tout à fait légitime en Europe ou aux États-Unis, le paraît moins dans les pays, comme Haïti, où le droit d'asile est effectivement pratiqué d'une façon constante. Sans doute le gouvernement haïtien a souvent protesté contre cette pratique ; mais ses protestations sont toujours restées sans effet, et il a généralement fini par accepter le fait accompli et consentir à l'embarquement des réfugiés. Les agents étrangers étaient donc jusqu'alors fondés à considérer le droit d'asile comme une de leurs prérogatives. Au moins aurait-il fallu que le gouvernement haïtien notifiât officiellement aux puissances qu'il était décidé à mettre fin à la pratique de l'asile dans les légations et consulats du pays : et une pareille décision n'aurait pu avoir d'effet que pour l'avenir. Bien plus, le droit d'asile existant en vertu d'un accord — tacite — de l'autorité locale (qui en a accepté les effets) et des puissances étrangères, il semble qu'il ne puisse disparaître que du commun accord des intéressés.

Quoi qu'il en soit, l'exemple du passé et l'envoi immédiat de croiseurs dans les eaux d'Haïti ne laissent pas de doute sur l'attitude qu'auraient adoptée les puissances dans le cas où le Président Nord-Alexis aurait mis à exécution les projets qu'on lui prêtait à l'égard des réfugiés des légations. Elles auraient, sans doute, comme elles le firent déjà dans des circonstances analogues, fait remettre en liberté les personnes arrêtées dans les légations, et réclamé des excuses du gouvernement haïtien. Peut-être

(1) Aux termes de l'article 89 du code de procédure criminelle du Pérou, « pour extraire les délinquants de la maison des agents diplomatiques, on procédera comme dans le cas d'extradition ». Cette manière de procéder est logique dans le système qui fonde l'immunité des légations sur la fiction de l'exterritorialité. Mais nous avons vu ce qu'il fallait penser de ce système, qui n'a plus aujourd'hui que de rares défenseurs.

même auraient-elles bombardé Port-au-Prince et les Gonaïves si les légations et les consulats avaient été attaqués.

Cependant la gravité de ces événements, les dangers auxquels les Européens ont été exposés, ont de nouveau attiré l'attention des gouvernements européens et américain sur les inconvénients que présente la pratique de l'asile diplomatique. Et, dès le lendemain même du conflit entre le Président Nord-Alexis et les puissances, on annonçait que les gouvernements étrangers s'étaient entendus pour ne plus prêter à l'avenir leurs légations comme refuge aux *indigènes* en Haïti (1). La nouvelle, pour être prématurée, était en partie exacte. Certaines puissances ont enfin reconnu que le droit d'asile donnait lieu à de graves abus, et, sans aller jusqu'à l'abolir d'une manière complète, elles en ont du moins restreint la portée d'une façon appréciable. Ce progrès est dû surtout au gouvernement des États-Unis.

Nous avons vu que, depuis bien longtemps déjà, les inconvénients de l'asile diplomatique avaient été signalés à ce gouvernement par son ministre à Port-au-Prince. C'est ce qu'avait fait M. Hollister dans une dépêche en date du 8 mai 1868. Le secrétaire d'État, M. Seward, dans sa réponse du 28 mai, après avoir rappelé que le droit des légations étrangères d'offrir un asile aux réfugiés politiques n'était pas reconnu par le droit des gens applicable aux États civilisés, mais qu'il était pratiqué par les États-Unis et les nations européennes dans leurs relations avec les Républiques Sud-américaines, ajoutait : « Nous avons toutefois constamment employé notre influence depuis plusieurs années à améliorer la situation politique de ces Républiques, avec le désir d'y *renoncer au droit d'asile*. En 1867, nous avons formellement renoncé à ce droit au Pérou » (2). Mais, tout en reconnaissant les inconvénients de la pratique de l'asile, le gouvernement américain estimait que la situation troublée d'Haïti ne permettait pas de renoncer tout d'un coup à ce droit (3).

(1) V. le *Matin* du 19 mars 1908.

(2) Aux Conférences de Lima, en 1867 (V. plus haut, p. 29), le représentant des États-Unis, le général Howey, s'était séparé des autres ministres étrangers et avait appuyé les prétentions du Pérou à la suppression du droit d'asile (séance du 15 janvier 1867). Son opinion, envoyée par écrit, se résumait ainsi : Le Pérou est admis à tous les droits et privilèges d'une nation chrétienne ; comme tel, il doit donc être placé dans la condition des États-Unis d'Amérique, de l'Angleterre, de la France et des autres nations chrétiennes. Or, chez ces nations, la doctrine de l'asile ne peut être dûment soutenue qu'à moins qu'il ne s'agisse d'arracher des personnes à la violence de la populace. Le ministre des États-Unis déclarait donc que, dès qu'une accusation légale, pour délit politique ou non, était formée contre un individu, il considérait comme un devoir pour l'agent diplomatique dans la légation duquel le réfugié avait cherché asile, de le livrer aux autorités locales qui demandaient son arrestation. Il ajoutait que, d'après un principe d'équité élémentaire, on ne doit pas exiger en sa faveur ce qu'on n'accorde pas aux autres.

(3) *Dip. Corr.*, 1868, II, p. 358.

Depuis lors, les États-Unis ont apporté dans l'usage du droit d'asile en Haïti une réserve que n'ont pas montrée les puissances européennes : leurs ministres ont été moins accueillants pour les révolutionnaires que ceux des autres nations, de France et d'Angleterre notamment, et ont souvent refusé de leur accorder l'asile qu'ils sollicitaient. Plus d'une fois ils n'hésitèrent pas à blâmer leurs représentants à Port-au-Prince de ce qu'ils avaient ouvert leur légation à des réfugiés politiques (dépêche de M. Fish, secrétaire d'État, à M. Bassett, ministre en Haïti, 4 juin 1875 (1) ; dépêches du secrétaire d'État par intérim, M. Peirce, à M. Powell, 24 et 29 juin 1905) (2). En tout cas, ils ne manquèrent pas d'appeler fréquemment l'attention de leurs agents sur ce fait que le droit d'asile n'est pas reconnu par le droit des gens au profit des agents diplomatiques, et à plus forte raison au profit des consuls et agents commerciaux ; que, d'ailleurs, l'expérience a montré les sérieux inconvénients de l'exercice d'un tel droit, qui, même dans les contrées où il est encore pratiqué, ne saurait aller jusqu'à permettre des communications entre les réfugiés et leurs alliés du dehors (dépêches de M. Fish à M. Bassett, 7 juin 1873 ; de M. Evarts à M. Langston, 6 août 1879 (3) ; Instruction du 18 février 1896 à M. Smythe (4) ; dépêche de M. Hay, secrétaire d'État, à M. Powell, 2 septembre 1899 (5) ; corps des Instructions sur le droit d'asile envoyées par le Département américain le 6 août 1902 à M. Powell et le 5 juin 1899 à M. Sampson) (6).

Les États-Unis n'ont donc pas adopté une attitude nouvelle, lorsqu'en 1908, à la différence d'autres puissances, ils ont abandonné au gouvernement haïtien les rebelles réfugiés dans leurs légations et consulats, qu'au surplus, fort habilement, le Président Nord-Alexis s'est empressé de gracier (7). Et, s'ils ont envoyé des navires de guerre à Port-au-Prince, ce fut pour protéger, si besoin était, les nationaux américains, et avec l'intention affirmée hautement de laisser les Haïtiens régler eux-mêmes leurs propres affaires, sans intervenir aucunement. Cette attitude fut vivement critiquée en Europe comme encourageant le Président Nord-

(1) *Foreign Relations*, 1875, II, p. 701.

(2) *Foreign Relations*, 1905, p. 551-554.

(3) *Foreign Relations*, 1879, p. 582.

(4) *Foreign Relations*, 1896, p. 381. « Cette condamnation constante et énergique de la pratique de l'asile politique par le gouvernement (américain) a été portée à la connaissance de votre légation par des Instructions réitérées ».

(5) *Foreign Relations*, 1899, p. 388-389. « Dans plusieurs circonstances antérieures, vos prédécesseurs ont excédé leurs droits légitimes en demandant, pour des réfugiés politiques originaires du pays, la permission de quitter ce pays sans être inquiétés : pratique que le gouvernement américain a toujours condamnée ».

(6) *Foreign Relations*, 1899, p. 257.

(7) V. le *Journal* du 17 mars 1908.

Alexis dans sa résistance à la demande d'embarquement formulée par les diplomates européens,et on voulut y voir une manifestation nouvelle de la politique suivie depuis de nombreuses années par la grande République à l'égard des autres États américains, politique qui a pour pivot la doctrine de Monroe,plus vivante que jamais aux États-Unis. Cette doctrine qui, à l'origine, pouvait se formuler ainsi : les États-Unis ne permettront pas que des puissances européennes fassent dans le Nouveau-Monde des acquisitions territoriales, s'est élargie, et les États-Unis, ne redoutant plus aujourd'hui que de nouvelles colonies européennes se fondent en Amérique, prétendent s'opposer à toute action de l'Europe en Amérique, sauf à exercer eux-mêmes un contrôle moral préventif sur ce qui se passe dans les Républiques latines ou insulaires.

Que les États-Unis aient compté tirer un avantage politique d'une pareille conduite vis-à-vis du gouvernement haïtien, la chose est possible, probable même, et il faut bien le dire naturelle.Mais enfin cette conduite était conforme aux directions que le gouvernement de Washington avait envoyées à ses agents en Haïti depuis un demi-siècle. Elle était conforme aussi à l'attitude adoptée par lui lors de la révolution du Paraguay en août 1904 : il décida alors que ses consulats ne devaient pas servir d'asile aux réfugiés politiques. Elle fut du reste parfaitement correcte.

Dès que le Président Nord-Alexis eut renoncé à ses menaces à l'égard des légations et donné satisfaction aux demandes des puissances,le 2 mai 1908, M. Furniss, ministre des États-Unis à Port-au-Prince, fit connaître à M. Borno, secrétaire d'Etat des relations extérieures d'Haïti, que son gouvernement avait décidé qu'aucun réfugié *haïtien* ne recevrait asile désormais dans la légation ou les consulats américains établis en Haïti (1). Le texte de la Note est clair : la suppression du droit d'asile n'existera qu'à l'égard des indigènes.Quant aux étrangers,ils pourront,comme par le passé, chercher un abri à la légation américaine. Il est peut-être regrettable, au point de vue des principes, que la Note américaine n'ait pas statué d'une manière générale. Car, en droit pur, l'asile international n'est pas plus fondé au profit des étrangers que des sujets du pays où est établie la légation. Les uns comme les autres relèvent des autorités

(1) Légation américaine, Port-au-Prince, Haïti, nº 270, 2 mai 1908. Honorable Louis Borno, secrétaire d'État des relations extérieures, Port-au-Prince, Haïti. Monsieur, j'ai *récemment* reçu de mon gouvernement les Instructions suivantes : « Maintenant que la légation et les consulats américains n'ont plus de réfugiés, vous ferez savoir clairement qu'aucun réfugié *haïtien* ne recevra asile *de vous* ou *de vos subordonnés.* » Ceci est communiqué à Votre Excellence avec prière de vouloir bien seconder cette légation en y donnant publicité. Votre Excellence voudra bien agréer l'assurance de ma haute considération. H. W. Furniss, American Minister (V. le *Moniteur*, *Journal officiel de la République d'Haïti*, Partie officielle, numéro du 6 mai 1908).

locales, et les ministres étrangers n'ont sur eux aucun pouvoir juridictionnel. Toutefois on conçoit que, dans des pays qui comme Haïti sont fréquemment le théâtre de guerres civiles, les puissances étrangères ne s'en remettent pas exclusivement au gouvernement local du soin de protéger leurs ressortissants ; la légation et les consulats pourront, dans ce cas, offrir à ceux-ci un asile assuré. Les ministres et consuls des États-Unis continueront dès lors à protéger leurs nationaux. Ils pourront même, s'ils le jugent utile, étendre cette protection à tous les étrangers. La réserve faite en faveur de ceux-ci est une manifestation de là solidarité qui lie les représentants des nations civilisées en face de l'arbitraire et du fanatisme. Un agent diplomatique ou consulaire doit pouvoir protéger non seulement ses nationaux, mais aussi ceux d'un État ami quand, sans avoir transgressé aucune loi, ils sont victimes d'un mouvement xénophobe comme celui des Boxers en 1900, ou du fanatisme religieux comme en Arménie lors des massacres de 1896. D'ailleurs, cette réserve, faite par la Note américaine en faveur des sujets des États-Unis et des étrangers en général, présente en fait peu d'inconvénients. Les étrangers en Haïti, sont surtout des hommes d'affaires, commerçants, industriels, qui se tiennent en dehors des luttes politiques et des passions locales. Le maintien du droit d'asile en leur faveur ne saurait donc avoir pour effet d'encourager les troubles civils et les complots contre le gouvernement. De plus, ainsi limité, l'asile ne sera plus pratiqué que dans des cas tout à fait exceptionnels, où l'usage de ce droit rencontrera un assentiment unanime. Il n'est pas douteux, en effet, que les représentants des États-Unis n'accueilleront pas dans leur demeure un Américain ou un Européen coupable de crime ou de délit. Leur intervention sera limitée à ceux qui seraient victimes de persécutions et de manœuvres contraires à l'équité et aux règles les plus élémentaires du droit. D'un autre côté, la Note américaine a une portée large, en ce sens qu'elle statue aussi bien pour la légation que pour les consulats, et qu'elle prévoit la disparition du droit d'asile dans celle-là aussi bien que dans ceux-ci (1).

La France, qui en 1898 s'était déjà entendue avec les États-Unis pour réglementer le droit d'asile en Bolivie (accord de la Paz du 21 décembre 1898 (2), avait, elle aussi, dès la fin des troubles, pris une mesure

(1) Nous avons vu plus haut qu'aux termes d'un traité de 1856 les États-Unis ont renoncé en Perse au droit d'asile de leurs légation et consulats en faveur des sujets persans. La mesure prise le 2 mai 1908 en Haïti est absolument identique : elle ne s'applique qu'aux indigènes, mais, en ce qui les concerne, il n'est fait aucune différence entre la légation et les consulats.

(2) V. ci-dessus, p. 31.

analogue et reconnu l'utilité de restreindre dans de justes limites la pratique de l'asile en Haïti. Le 29 avril 1908, le gouvernement français décidait que « les *agents consulaires* de France en Haïti n'étaient plus à l'avenir autorisés à donner asile aux réfugiés politiques haïtiens ». Cette décision, toutefois, ne fut notifiée au secrétaire d'État des relations extérieures en Haïti et aux agents consulaires français dans ce pays que le 8 juin suivant (1).

Cet exemple donné par les deux puissances qui ont en Haïti les intérêts les plus considérables ne pouvait manquer d'être suivi. En effet, quelques jours après la notification du gouvernement français, le 26 juin, le consul général d'Angleterre à Port-au-Prince informait le ministre des affaires étrangères de la République haïtienne que son gouvernement avait décidé que « désormais, les consulats anglais établis en Haïti n'asileraient plus les citoyens haïtiens » (2).

Les décisions prises par les gouvernements français et anglais sont au fond identiques malgré de légères différences de forme. La Note française parle des « réfugiés politiques haïtiens », tandis que le communiqué britannique statue, d'une manière plus générale, pour les « citoyens haïtiens ». Mais ce n'est là qu'une différence de rédaction. Aucun agent étranger ne songerait, de nos jours, à offrir un asile à des criminels de droit commun pour les soustraire aux lois de leur pays. Seuls les délinquants politiques ont jusqu'alors bénéficié du droit d'asile, et c'est à leur égard qu'il importait de statuer. Le gouvernement français, en parlant des réfugiés politiques, n'a donc pas voulu maintenir le droit d'asile en faveur des délinquants ordinaires. Sa Note a, sur ce point, la même portée que celles de l'Angleterre et des États-Unis.

En est-il de même au point de vue des personnes qui pourront, non plus bénéficier de l'asile, mais l'accorder dans leur demeure ? La Note

(1) V. le *Moniteur*, *Journal officiel de la République d'Haïti*, 10 juin 1908. — Secrétairerie d'État des relations extérieures. La légation de France a informé ce Département que, en vertu d'une décision du gouvernement français en date du 29 avril, les agents consulaires de France en Haïti ne sont plus à l'avenir autorisés à donner asile aux réfugiés politiques haïtiens. Avis vient de leur en être donné par télégramme de la légation daté du 8 juin courant.

(2) V. le *Moniteur* du 27 juin 1908. — Secrétairerie d'État des relations extérieures. Le Département des relations extérieures a été informé, par une communication du consulat général d'Angleterre en cette résidence, que le gouvernement de Sa Majesté britannique a décidé que, désormais, les consulats anglais établis en Haïti n'asileront plus les citoyens haïtiens.

Remarquons qu'à Saint-Domingue, où les troubles civils ne sont pas moins fréquents qu'en Haïti, pareille mesure avait été prise par les autorités britanniques il y a trente-cinq ans. C'est en effet en 1873, le 1er août, que lord Granville fit savoir au gouvernement dominicain que l'Angleterre avait décidé de renoncer à la pratique de recevoir les réfugiés politiques dans ses consulats de la République.

française ne parle que des « agents consulaires de France ». On désigne généralement ainsi des agents subordonnés aux consuls, souvent nommés par eux parmi les négociants locaux et qui n'ont aucun caractère public. Mais il ne paraît pas douteux que la mesure prise par la France ne s'applique pas seulement à ces agents subalternes, de minime importance, mais à tous les agents établis par elle en Haïti pour veiller à ses intérêts commerciaux et industriels et protéger ses nationaux, quel que soit leur titre officiel. L'expression « agents consulaires », dans la Note du 8 juin, est employée dans un sens large et par opposition à l'expression « agents diplomatiques ». La portée de la décision du gouvernement français est sur ce point la même que celle de la décision du gouvernement anglais qui, à notre avis, s'applique non seulement aux consulats proprement dits, mais aussi aux demeures des vice-consuls et agents consulaires.

Par contre, le texte français ne parlant que des agents consulaires, il faut en conclure que le droit d'asile est maintenu par la France en faveur de sa légation de Port-au-Prince. C'est là une différence avec la Note américaine, et aussi, croyons-nous, avec la Note anglaise : car l'Angleterre n'étant représentée à Port-au-Prince que par un consul général, la demeure de cet agent se trouve comprise dans l'expression générale de « consulats » employée par la dite Note.

Pourquoi la France a-t-elle cru devoir maintenir le droit d'asile au profit de sa légation, alors qu'elle y renonçait pour ses consulats ? Remarquons qu'il ne s'agit pas ici d'asile à accorder aux Français ou même aux étrangers en général, puisque la suppression consentie ne vise que les sujets haïtiens. Dans ces conditions, on peut avec raison se demander quel intérêt présente pour la France la faculté de protéger du pavillon de sa légation les révolutionnaires haïtiens. C'est sans doute à des considérations de pure humanité qu'a obéi le gouvernement de la France. Il a pensé, croyons-nous, que si l'asile accordé aux indigènes n'est le plus souvent qu'un moyen de perpétuer les troubles civils et ne présente que des inconvénients, il est cependant des cas où l'usage de ce droit est désirable : il peut arriver, en effet, que des indigènes qui n'ont aucunement porté atteinte aux lois de leur pays soient persécutés au mépris de l'équité ; il serait regrettable alors qu'ils ne puissent trouver un refuge contre la passion aveugle des foules ou les violences d'un pouvoir tyrannique. Mais, pour éviter les abus qui, sous prétexte d'humanité, avaient souvent été commis dans le passé, la France n'a maintenu qu'au profit de son représentant officiel en Haïti le droit d'offrir un asile dans sa demeure à des réfugiés haïtiens. A notre avis, cette réserve est tout simplement regrettable, et puisque l'on avouait les inconvéniențs de l'asile, puisque l'on voyait dans sa suppression le moyen d'assurer la paix publique en Haïti,il ne fallait pas se contenter de demi-mesures et maintenir au profit de la légation ce droit que l'on ne reconnaissait plus aux consuls. Car, juridiquement,cette distinction n'est pas fondée. Sans doute, dans les États qui jouissent pleinement des avantages de la communauté internationale (1), les agents diplomatiques bénéficient d'immunités qui sont refusées aux consuls.Mais, comme précisément dans ces pays le droit d'asile n'est plus pratiqué, cette différence de traitement est sans effet au point de vue qui nous occupe. Quant aux pays où la coutume internationale reconnaît encore le droit d'asile, les consuls y sont à peu près assimilés aux agents diplomatiques.

Enfin,par une communication datée du 8 août 1908, le représentant de la République de Cuba à Port-au-Prince, M.J.-A. Campuzano,a notifié au ministère des relations extérieures d'Haïti que le gouvernement cubain a décidé que « la Mission de Cuba en cette résidence ne donnerait asile à aucun réfugié haïtien » (2).

A l'exemple des États-Unis, de la France, de l'Angleterre et de la République de Cuba, il est probable que d'autres puissances reconnaîtront bientôt que leur intérêt aussi bien que l'équité militent en faveur de la disparition du droit d'asile, au moins en ce qui concerne les indigènes.

D'ailleurs, par une Note du 21 mai 1908,le gouvernement haïtien a fait savoir aux puissances qu'il était décidé à mettre fin à l'avenir à la pratique de l'asile dans les légations et les consulats établis en Haïti. Remarquons tout d'abord la portée très générale de cette abrogation : le droit d'asile est supprimé dans les légations aussi bien que dans les consulats, et non pas seulement pour les citoyens haïtiens, mais aussi pour les étrangers quels qu'ils soient, même nationaux du pays dans la légation duquel ils voudraient se réfugier. Reste à savoir quelle est la portée de la déclaration du gouvernement haïtien. Si l'on admet que la longue pratique de l'asile en Haïti n'a pu créer un droit au profit des légations et consulats étrangers, il n'est pas douteux, comme le droit international ne reconnait pas le droit d'asile, que les autorités locales peuvent se départir désormais de la tolérance dont elles ont fait preuve jusqu'alors. Leur intention à ce sujet ayant été portée à la connaissance

(1) On désignait autrefois les pays dans lesquels les consuls jouissent des immunités diplomatiques par l'expression « pays hors Chrétienté ». Cette expression n'est plus exacte aujourd'hui. Il y a en effet des pays chrétiens, comme la Bulgarie, où existe ce régime exceptionnel (V. art. 8 du traité de Berlin du 13 juillet 1878). Et, d'autre part, ce régime a disparu de divers pays hors Chrétienté, comme le Japon, la Tunisie, l'Annam, le Tonkin, Zanzibar.

(2) V. le *Nouvelliste,* d'Haïti, du 17 août 1908.

des intéressés, elles pourront à l'avenir, au cas d'asile accordé par une légation ou un consulat, et dans l'hypothèse d'un refus de livrer les réfugiés opposé par l'agent étranger suivi d'un refus d'extradition de son gouvernement, s'introduire de vive force dans l'hôtel et en arracher le réfugié. Mais si l'on estime qu'il existait au profit des États étrangers un « droit » d'asile, droit qui puisait son existence dans l'accord au moins tacite du gouvernement local et des diverses puissances, il semble bien que ce droit ne puisse disparaître que du consentement mutuel des deux parties contractantes et qu'il n'appartient pas au gouvernement haïtien d'y mettre fin de sa seule autorité. Toutefois,la décision du gouvernement haïtien aura du moins ce résultat d'amener les diverses puissances à se prononcer sur la question du droit d'asile.

C'est ce qui s'est déjà produit pour le Mexique. Le consul du Mexique à Port-au-Prince, au reçu de la Note haïtienne, l'a transmise à son gouvernement. Et celui-ci, après examen, a déclaré le 22 juin 1908 qu'il ne lui était pas possible de consentir à l'abolition pure et simple du droit d'asile, étant donné l'état actuel de la République d'Haïti (Note du 22 juin 1908). Il ne renonce même pas à ce droit en faveur des indigènes, comme l'ont fait Cuba, les États-Unis,l'Angleterre et la France,celle-ci en ce qui concerne seulement ses consulats. La solution qu'il donne à la question du droit d'asile est toute différente : il maintient, sans limitation, le droit d'asile ; mais il consent à ce qu'il ne soit pas donné asile par ses représentants aux révolutionnaires haïtiens sans qu'il ait été consulté auparavant (1). Cette décision paraît inspirée par la même

(1) *Boletin oficial de la Secretaria de Relationes Exteriores*, Mexico, juillet 1908, t. XXVI, p. 126.

Le 23 mai 1908, M. Artur Ricco, consul des États-Unis du Mexique à Port-au-Prince, écrivait au ministre des relations extérieures à Mexico :

« J'ai l'honneur de vous faire parvenir ci-joint les copies d'une Note que m'a adressée M. le ministre des relations extérieures de Haïti, et de la réponse que j'ai faite à la dite Note :

« La détermination prise par le gouvernement haïtien concernant le droit d'asile est le résultat de la mesure adoptée par le gouvernement des États-Unis du Nord, mesure que j'ai portée à la connaissance de la Secrétairerie par ma précédente Note du 9 courant. Votre consulat attend la décision que voudra bien prendre à ce sujet V. E. pour la communiquer au gouvernement de Haïti. — J'ai l'honneur, etc...

1re *Annexe*.

A M. Ricco, consul du Mexique. Port-au-Prince, le 21 mai 1908. — Monsieur le consul. A toutes fins utiles, je vous fais savoir, en vous priant d'en prendre bonne note, que le gouvernement de Haïti a décidé de mettre fin à la pratique de l'asile dans les légations et consulats établis dans ce pays. — Recevez, etc... — Signé : Louis Borno.

2e *Annexe*.

A M. Louis Borno, ministre des relations extérieures à Port-au-Prince. Port-au-Prince, le 23 mai 1908. — Monsieur le ministre, j'ai l'honneur d'accuser réception à Votre Excel-

pensée qui a dicté à la France la réserve qu'elle a cru devoir faire en faveur de sa légation, réserve que nous n'avons pas hésité à critiquer. En limitant à son agent diplomatique à Port-au-Prince la faculté d'ac-

lence de sa Note du 21 mai courant, nº 112, par laquelle elle me fait connaître que le gouvernement de Haïti a décidé de mettre fin à la pratique de l'asile dans les légations et consulats établis dans le pays. Je prends note de l'importante communication de Votre Excellence et je la transmets par courrier de ce jour à mon gouvernement, à toutes fins utiles. — J'ai l'honneur, etc... — Signé : A. Ricco ».

Le 22 juin 1908, le ministre des affaires étrangères du Mexique accusait réception à M. Ricco, son représentant à Port-au-Prince, de sa Note ci-dessus du 23 mai dernier et des copies y annexées relatives à la détermination prise par le gouvernement haïtien de mettre fin à la pratique de l'asile dans les légations et consulats établis dans ce pays, et lui transmettait, revêtu de son approbation, l'avis suivant émis par la section de l'Amérique de son Département, consultée au sujet de la dite Note :

« Monsieur le ministre. — I. Notre consul à Port-au-Prince nous a remis copie d'une Note par laquelle le gouvernement de Haïti lui fait connaître qu'il a décidé de mettre fin à la pratique de l'asile dans les légations et consulats établis dans le pays. — Dans le *Moniteur* du 6 mai dernier ont été publiées les Instructions que le gouvernement des États-Unis donne à sa légation de refuser asile « *aux réfugiés haïtiens* ».Le consul du Mexique considère que cette résolution du gouvernement de Washington a motivé la décision du gouvernement haïtien. Mais cette dernière ne *se réfère pas exclusivement aux réfugiés haïtiens ; elle proclame la suppression de l'asile en termes généraux.*

II. Au point de vue du droit international, il est impossible d'accepter le précédent créé ainsi par le gouvernement d'Haïti de *supprimer, par sa seule détermination, une pratique admise par la communauté des États*, lesquels ne sont cependant pas soumis à la souveraineté particulière de l'un d'eux. « A la rigueur, on conçoit que, par une déclaration souveraine, l'État puisse se limiter par le droit, et que la notion de souveraineté, telle qu'elle est généralement admise, ne soit pas absolument exclusive d'un droit public interne et international » (Duguit, *L'Etat*, p. 328).

III. Bien entendu, *il n'y a pas de doute sur l'existence de la pratique de l'asile par les nations civilisées et sur sa justification en droit.* Cette institution, qui date de loin, a subi diverses modifications au cours de l'histoire. De religieuse et d'ordre interne qu'elle était, elle est devenue laïque et d'ordre international. Employée d'abord à assurer l'impunité au crime, elle s'est transformée en instrument de protection des droits persécutés. Actuellement il serait absurde qu'un consulat ou qu'une légation offrent un refuge à des criminels pour empêcher les autorités du pays de leur appliquer la loi. Pour la même raison, il serait inadmissible qu'un consulat et spécialement une légation ne puissent protéger ceux qui sont victimes de persécutions au mépris du droit, et ne leur fournissent pas un appui contre le Souverain local. D'autre part, sans la pratique de l'asile, un agent diplomatique ne pourrait pas protéger ses propres nationaux ou ceux d'un État ami quand, sans avoir transgressé aucune loi, ils sont victimes de mouvements xénophobes, comme celui des Boxers en Chine, ou de persécutions de la part des autorités mêmes du pays. On ne saurait se guider en cette matière, comme dit Calvo, « que d'après des considérations générales d'humanité et le sentiment de justes égards que les nations se doivent les unes aux autres », et admettre, par exemple, « que au milieu des troubles civils qui surviennent dans un pays, l'hôtel d'une légation puisse, et doive même, offrir un abri assuré aux hommes politiques qu'un danger de vie force à s'y réfugier momentanément » (*Le droit international théorique et pratique*, t. III, § 1321, p. 320. — V. dans le même sens, Lehr, *Manuel des agents diplomatiques*, nº 1066 ; Bonfils-Fauchille, *Manuel de droit international public*, nº 698)... Dans la pratique il serait impossible d'admettre que les autorités locales, en supprimant l'asile, puissent pénétrer dans une légation étrangère, qui doit être inviolable (Calvo, *op. cit.*, t. III, § 1521, p. 320).

IV. Par conséquent, la section propose de dire à notre consul que, avec toute prudence

corder un refuge aux indigènes mécontents, la France a pensé que la prudence de cet agent saurait éviter les difficultés que faisait naître souvent l'imprévoyance des consuls et agents commerciaux. Le gouvernement mexicain, lui, ne s'en remet qu'à lui-même du soin de décider de telles questions. Cette solution n'est guère respectueuse des droits du Souverain local, à l'autorité duquel le gouvernement de Mexico pourra soustraire des citoyens haïtiens. Reconnaissons toutefois qu'en fait la nécessité pour les agents mexicains de consulter leur gouvernement avant de recevoir des réfugiés politiques haïtiens sera une sérieuse entrave à la pratique du droit d'asile. On peut dire que le Mexique s'est plus soucié de la forme que du fond. Il n'a pas voulu admettre la prétention du gouvernement haïtien de trancher seul la question du droit d'asile. Il a affirmé hautement l'utilité de ce droit et la nécessité de le maintenir. Puis il en a réglementé l'application de manière à le rendre purement illusoire.

En résumé, il faut se féliciter de voir enfin les puissances reconnaître, autrement que par de platoniques déclarations, les abus parfois scandaleux auxquels donne naissance le droit d'asile des légations et des consulats. La suppression de ce droit nous paraît non seulement imposée par les principes juridiques ; elle est aussi la condition de la paix publique dans ces pays, paix également désirable pour les étrangers et pour les nationaux (1).

et avec la plus grande courtoisie, il représente au gouvernement de Haïti que le gouvernement mexicain prend acte de la résolution dont il s'agit ; mais que, pour les raisons exposées ci-dessus, il ne peut adhérer d'une manière générale à l'abolition de l'asile, mais seulement donner des Instructions dans chaque cas particulier à son consul, pour que, durant l'état actuel des choses en Haïti, il ne donne pas asile à des révolutionnaires haïtiens, sans consulter au préalable la Secrétairerie d'État de Mexico.

Mexico, 19 juin 1908. Signé : ROBERTO A. ESTEVA RUIZ ».

(1) Ce n'est pas seulement aux légations et consulats qu'à la suite de faits d'ordre politique, de révolutions intérieures, les vaincus demandent asile. Ils se réfugient parfois à bord des vaisseaux de guerre. C'est ce qui s'est produit au Chili lors de la guerre civile qui se termina par la chute du Président Balmaceda : don Claude Vienna, que Balmaceda avait désigné pour son successeur à la présidence, se réfugia sur un navire allemand. D'autres partisans du Président vaincu, le colonel Vidauro et le député Odalle Vienna trouvèrent un asile à bord du navire amiral des États-Unis, le *San-Francisco*, mouillé dans le port de Valparaiso. En 1894, lors de la guerre civile du Brésil, l'amiral de Gama et ses compagnons se réfugièrent sur des navires de guerre portugais dans le port de Rio, et le refus des commandants de ces navires de livrer les réfugiés amena un différend entre le Portugal et le Brésil (V. *Revue générale de droit international public*, t. I (1894), p. 273 et suiv.). La question de savoir s'il existe un droit d'asile à bord des navires de guerre — question qui ne se pose que lorsque ces navires se trouvent dans des eaux territoriales étrangères — n'est pas moins controversée que la question du droit d'asile des légations. La situation n'est toutefois pas identique.

Imp. J. Thevenot, Saint-Dizier (Haute-Marne)

suivi d'un examen critique approfondi qui tient compte de l'état de droit international au moment où le différend a été jugé et de son état actuel : on a, de la sorte, une très utile contribution à l'étude interne du droit des gens. Tous les exposés de faits et la plupart des notes doctrinales sont dus à la plume experte de MM. DE LAPRADELLE et POLITIS. Cependant, dans les affaires les plus importantes, ceux-ci ont eu recours, pour les études juridiques, à la science d'internationalistes réputés de la France et de l'étranger. — C'est ainsi que dans le premier volume, des notes sont signées par MM. ASSER, PAUL FAUCHILLE, RICHARD KLENN, LADAND, FÉLIX STOERK et STRISOWER.

On ne saurait assez louer la manière dont a été compris et exécuté le **Recueil des Arbitrages Internationaux**. En l'écrivant, comme l'a dit à juste titre dans sa préface M. Louis Renault, MM. de Lapradelle et Politis « *ont rendu un service éminent à la pratique et à la science du droit international* ». — Leur livre est indispensable à tous ceux qui, par goût ou par profession, s'intéressent au droit international ; il sera spécialement utile aux DIPLOMATES et aux HOMMES POLITIQUES qui le consulteront avec le plus grand fruit chaque fois qu'ils auront à s'occuper d'une question soumise à arbitrage : ils connaîtront ainsi tous les précédents, juridiquement appréciés, qui peuvent exister à son egard.

(*Dalloz*, janvier 1905).

A LA MÊME LIBRAIRIE

Cours de droit diplomatique, à l'usage des agents du ministère des affaires étrangères, des Etats européens et américains, accompagné des pièces et documents proposés comme exemples des offices divers qui sont du ressort de la diplomatie, par P. PRADIER-FODÉRÉ, 2e *édition*, 1899, 2 vol. in-8 cartonnés. . . . . **25** fr.

Guide pratique des Consultats, publié sous les auspices du ministère des affaires étrangères, 5e *édition*, mise à jour d'après les plus récents documents officiels par M. JULES DE CLERCQ, consul général de France, 2 vol. in-8 cart., **30** fr. ; rel. **32** fr.

Traité de droit international européen et américain, suivant les progrès de la science et de la pratique contemporaines, par P. PRADIER-FODÉRÉ, 1895-1907, et Tables 8 vol. in-8. . . . . **200** fr.

La diplomatie française et la Ligue des neutres de 1780, par PAUL FAUCHILLE directeur de la *Revue générale de droit international public*. Ouvrage couronné par l'Institut de France, 1893, in-8 . . . . **10** fr.

États et Souverains, personnel diplomatique et consulaire ; corps de troupes, navire et équipages ; personnes civiles devant les tribunaux étrangers, par FÉRAUD-GIRAUD président honoraire à la Cour de cassation, 1895, 2 vol. in-8. . . . . **18** fr

Le droit de la guerre maritime, d'après les doctrines anglaises contemporaines, par CH. DUPUIS, professeur à l'Ecole des sciences politiques, 1899, 1 vol. in-8. . . . **10** fr.

Nouveau droit international public, suivant les besoins de la civilisation moderne, par PASQUALE FIORE, 2e *edition*, traduite de l'Italien et annotée par Ch. Antoine, 1885-86 3 vol. in-8 . . . . **37** fr. **50**

Traité de droit international privé, ou principes pour résoudre les conflits entre les lois civiles, commerciales, judiciaires, pénales des différents Etats, par PASQUALE FIORE, professeur à l'Université de Naples, 2e *édition*, traduite par Ch. Antoine, 1907. — Lois civiles, 4 vol . . . . **45** fr.

Le droit public international maritime, principes généraux, règles pratiques, par C. TESTA, professeur à l'Ecole navale de Lisbonne, 1886, in-8 . . . . **8** fr.

Le droit des gens, ou des nations considérées comme communautés politiques indépendante, par SIR TRAVERS TWISS, 1887-89, 2 vol. in-8. . . . . **18** fr.

De l'exécution des jugements étrangers dans les divers pays. Législation, jurisprudence, procédure, traités diplomatiques, par CH. CONSTANT, de 2e *édition*, 1890, 1 vol. in-8. . . . . **5** fr.

Traité de droit pénal international et de l'extradition, par M. PASQUALE FIORE, professeur à l'Université de Naples (Traités d'extradition conclus par la France avec les Etats étrangers), 1880, 2 vol. in-8 . . . . **16** fr.

Le tribunal international, par M. le comte KAMAROWSKI, professeur à l'Université de Moscou, 1887, 1 vol. in-8. . . . . **8** fr.

La mer territoriale, au point de vue *théorique* et pratique, par J. IMBART LATOUR, avocat à la Cour de Paris, 1889, in-8 . . . . **8** fr.

A. PEDONE, Editeur, 13, rue Soufflot, PARIS

REVUE GÉNÉRALE
DE
Droit International Public

DROIT DES GENS — HISTOIRE DIPLOMATIQUE
DROIT PÉNAL — DROIT FISAL — DROIT ADMINISTRATIF
(FONDÉE PAR MM. A. PILLET ET P. FAUCHILLE)

PUBLIÉE PAR

Paul FAUCHILLE
AVOCAT, DOCTEUR EN DROIT
MEMBRE DE L'INSTITUT DE DROIT INTERNATIONAL

(Récompensée par l'Institut de France, 1904. Fondation Drouyn de Lhuys.)
Académie des Sciences morales et politiques

La **Revue générale de Droit international public** paraît tous les deux mois depuis le 1er février 1894. — Elle contient : 1° des études approfondies sur les matières diverses du droit international public ; 2° des chroniques très étendues sur les faits internationaux les plus récents ; 3° des documents internationaux et diplomatiques.

La **Revue générale de Droit international public**, a pour but, au point de vue théorique, de poser des principes qui puissent servir de base à un droit international juste et équitable. Au point de vue pratique, elle signale, en les appréciant, les faits qu'engendre l'activité incessante des différents peuples.

La **Revue**, exclusivement internationale, est dégagée de toute tendance préconçue. Ses collaborateurs, les internationalistes de la France et de l'Étranger lui ont donné, sans compter, leur précieux concours.

L'Institut de France (ACADÉMIE DES SCIENCES MORALES ET POLITIQUES) a voulu récompenser les efforts de la **Revue**, en lui décernant, en 1904, le prix de la Fondation Drouyn de Lhuys.

ABONNEMENT : 20 FRANCS PAR AN. — ÉTRANGER, 21 FR. 50
Collection complète des **15 années publiées** (1894-1908) : **275 fr.**
Reliure en plus : **2 fr. 75 par année.**
Les frais de port en sus. — Poids de la collection. **28 Kgs.**

Imp. J. Thevenot, Saint-Dizier (Haute-Marne)

www.ingramcontent.com/pod-product-compliance
Ingram Content Group UK Ltd.
Pitfield, Milton Keynes, MK11 3LW, UK
UKHW020402220726
13923UKWH00004B/1687